敵とのコラボレーション

賛同できない人、好きではない人、信頼できない人と協働する方法

Collaborating with the Enemy

How to Work with People You Don't Agree with or Like or Trust

アダム・カヘン 著
Adam Kahane

小田理一郎 監訳　東出顕子 訳

英治出版

敵であり、師でもある人々へ

序文——ピーター・ブロック（"Community""Stewardship"著者）

もし、あなたが世の中をよくするために何かしら取り組んでいるとしたら、自分の考え方がひっくり返ることほど、有益で報われる体験はまずない。考え方が変化することは変容の本質である。それは新たな信念の基礎になり、すぐれたリーダーシップの核心となる。ほとんどの場合、変化はゆっくりと、おそらくは勉強になる経験から、あるいは動揺するような経験を通じて、その意味を理解しようとするなかで起こる。そして、たいていは知らないうちに起こる。しかし、ときに幸運にも、一冊の本を読むだけで頭が切り替わることがある。アダム・カヘンの『敵とのコラボレーション——賛同できない人、好きではない人、信頼できない人と協働する方法』はそんな本だ。

この本の趣旨はタイトルを見るとよくわかる。まず賛同できない人と協働（コラボレーション）せよと求めてくる。これはそう難しくない。だが、次は好きではない人と協働せよと難易度が上がる。これも何とかなる。仕事の場ではそれが当たり前なくらいだから。

ところが最後は手ごわい。信頼できない人と協働せよとくる。敵と見なしている人であっても協働せよと。こういうことをできるようにしようというのが本書のテーマだ。

　このテーマは、世の中で起きていることを踏まえると非常に今日的な意味がある。私たちは複雑な時代に生きている。対立と二極化の進む時代、私たちは絶えず同好の士を探し求めることによって時代に対応している。自分に似た人と出会う方法はどんどん増えている。私たちは同じ興味、同じ好み、同じ政治的見解をもつ人に引きつけられる。オンラインで何か買うたびに、「この商品を買った人はこんな商品も買っています」などと教えられる。そして、まんまとそれに乗せられる。より大きな社会に目を向ければ、都市は再び似た者どうしが住む地区に分離されようとしている。国に目を向ければ、私たちはよそ者を締め出したがる政治家に投票しているし、まるで誰かに奪われたかのように祖国を取り戻そうとする。

　私たちは疎外と孤立が進む時代に生きている。私たちは制度や政治への信頼を失いつつあり、わが身の利益になるように行動する。選挙は大方があれやこれやに「ノー」を言うための投票にすぎない。経済的分裂、イデオロギーの分裂が進み、価値観をめぐる争いが増えている。

　こんな時代背景だからこそ、アダムの本は重要なのだ。本書は、特に関係者が互いに賛同できない、好きではない、信頼できないような問題において、その問題のあらゆる党派を一つの部屋に招き入れることによって、不可能に思われる未来を創造しうる考え方と行動を指南する。それを実現するための在り方や取り組み方についても、そのプロセスがよくわかるように書かれている。しかも、アダムと同志たちがこの考え方を実際に行動に移してきたという説得力もある。彼らの努力によって世界は変化してきた。

私の考え方を変えた本書の要素をいくつか挙げてみよう。

●人が最初にとる選択肢は他人と協働することだと私は思っていた。人間は基本的に協力的で、一緒に働くことを望む。それを妨げる障害があるなら取り除きさえすればよい。それが持論だった。しかし、そうではなかった。本書で提示されるコラボレーションは、あくまでいくつかの選択肢の一つにすぎない。自分の視点を人に押し付け、可能ならば服従を強制し、やりたいようにやるために何でもするという選択を最初にとることも、同じくらいありうる。世の中に適応することを最初に選択することもある。妥協し、差異を最小にし、うまくやっていくために同調するのだ。

アダムが述べるのは、次第に事態が絶望的になってきた場合のコラボレーションについての考え方だ。結果をコントロールし、こちらの見解を人に押しつけようとしても、うまくいかないところに達した場合、あるいは、困難に適応することにもはや耐えられなくなった場合だ。本書で言うコラボレーションは、今の現実が逼迫し、何かを変える必要があるという一点に限っては合意があるような状況で、新しい打開策を見つけることを目的としている。このアプローチは、個人であれ、組織であれ、コミュニティであれ、何かほんとうに新しいことをやってみるしかないとき、やってみる覚悟ができているときはいつでも当てはまる。

●私はキャリアの大部分を組織コンサルタントとして生きてきた。関わった組織は、企業、学校、政府、教会、同業者団体と幅広い。ほとんどは、チームワークがうまくいくようにする、従業員と経営陣の信頼関係を築く、社内の部署どうしの協力をもっと効果的にするという仕事だった。こうした状況では例外なく、人が共通の目標めざして活動することを前提にしていた。当事者たちに協力し、互いに信頼する欲求と本能がなければ、集まって何になる? 私の視点から言わせればこうなるが、アダムの基本姿勢からすれば、そういうときこそがまさに集まるときなのだ。

●分裂と二極化に対する解決策は、相手を打ち負かすか、弱めるために連携をとり、戦略を立てることだという文化が私たちにはある。たとえば、キャンペーンを張ってこちらの立場の優位性を証明する。石油会社、タバコ会社、製薬会社ならば、いわゆる独立系シンクタンクを設立して、反対派に疑問を投げかける研究を蓄積する。

複雑な問題に直面し、こうした努力が本質的に失敗すると、今度はあれこれの市場戦略に投資し、運動を起こし、政治的意思を結集させ望む変化を生み出そうとする。社会的な領域の場合、麻薬撲滅、貧困撲滅、対テロ戦争、内戦終結がこれまでの最も目立つ戦略だ。こういった領域ではサミットを開催して宣言を策定し、行動計画と報道発表を残す。サミットは、常に全体の利益のために何かすることを目的に招集される。経営や組織の領域に危機が迫る場合に目を向けると、製品が市場を失う、業界や企業が事業運営の適法性を失うといった混乱が生じると決まって、私たちはマネジメントの変革に取り組もうとする。組織文化を変えるプログラムを作成する、トレーニングプログラムを開始する、新しい基準を設ける、新しい人材を見つける、機敏性やイノベーション創出力を高めるといった策に出るのだ。

今述べたことはすべて広く受け入れられている戦略であり、実質的にもプラスの効果はある。確かに改善をもたらすのだが、こうした変容の取り組みのほとんどは、人を変えようとする、すなわち人の考え方か行動をこちらの意図と一致するように変えようとするのが見え隠れする方法だ。事実上の植民地政策だから、ほとんどの場合、期待はずれの結果に終わる。

変化がなかなか起きないのは、従来の戦略が、一種の愚直な思い込みとも言える、二つの前提の上に成り立っているからだ。

第一に、その他大勢や世の中にとって何が最善か知っているエリート集団がいるという前提がある。シンクタンクを設立したり、麻薬、貧困、テロのような世間が悪とするものに対する闘いを宣言したり、サミットで発言し、交渉する人を選んだりするのは、リーダーや専門家から成る中枢的な集団の権利と義務である。この考え方は不可侵と言えるほど強固だ。組織内部では、中枢的な集団はトップマネジメントであり、ビジネス、教育、教会、政府、どんな組織であれ、その人たちなら変革プログラムに着手する資質を最も備えていると私たちは基本的に信じている。

第二の前提は、問題解決すれば未来が開けるという確信だ。ビジョンに合意し、目標を設定して目標に到達するまでの予測可能な道筋を明確にし、予定表や短期目標を用いて観測可能な基準を定めれば、変化が起こるという強固な確信である。こういった方法すべてに共通しているのは、人に説明責任を負わせ、失敗の責任を追及すべきという信念とそれを実際に行うための言語があることだ。

本書は、こういう従来の合理的な行動管理に疑問を投げかける。重要なステークホルダー間にきわめて異なる考え方や対立がある、複雑な問題に対峙する場合は特にだ。こういった複雑な問題においては、それが社会の問題にしろ、組織の問題にしろ、違う方法が求められる。ここでアダム独自の説の出番となる。

こうした前に進む方法についての支配的な考え方に替わって、アダムは「ストレッチ・コラボレーション」を提唱する。そして、不信の歳月が長く、目標が一致せず、互いを忌み嫌う根深いいきさつがある人々が、大きな合意に達しなくても、現状とは違う未来を創造できるプロセスを概説する。これは、異なる意志をもつ人々を一つの部屋に集めながらも、交渉や行動計画の策定は課さないということを意味する。集まった人々は、ある状況を変える必要があるということにのみ合意すればよく、いかなるときも独自の解決策や自分の立場の事情を手放すことは求められない。

最後にもう一つ、従来の慣例では、もっぱら対立する党派および利害関係者間で交わされる話し合いの性質に注意を向ける必要があるという考え方が重視される。それは、私が後生大事にしてきたが、アダムは不十分だと考えているものだ。一般的な道筋では、よく話を聞くことによって、綿密に組み立てられた対話（ダイアログ）によって、難しい会話をうまく処理することによって理解に努め、同意に至ろうとする。こうした方法は常に有益ではあるが、ストレッチ・コラボレーションでは、対話は最大の関心事ではない。会話の仕方を変えることは、現状とは違う未来を創造する主たる手段にはなりえない。何かそれ以上のことが求められるのだ。

このストレッチ・コラボレーションには三つの大きな信条がある。ただし、ここで私がそう呼ぶにすぎないので、それらを正しく評価するには本書を読んでほしい。まず、私たちはすべての立場とそれぞれの支持者の正当性と価値を肯定しなければならない。この考え方は、考慮すべき世界観やマインドセットは一つではないという信念を表している。ここには、理論物理学者のニールス・ボーアが言ったとされる名言、「卓越した考えはことごとく、その反対の考えも正しい」という見解が反映されている。

次に、アダムの言うストレッチ・コラボレーションにおける前進とは、実験しながらともに学ぶプロセスだ。交渉による確実な成果を出そうとする努力は脇に置いて、共同実験に参加する。誰にでも意見があり、目の前の状況でどれがうまくいくかを協力して確かめるには一緒にいくつか試してみるしかない。

最後に、コラボレーションの達成に取り組んでいる人々及び自分自身の意識へ注意を向けよとアダムは求める。これは敵対者を集結させようとしている立場にある人なら誰にとっても当てはまる。この意識は、新しい在り方、すなわち世の中で起きていることに影響を及ぼそうとするというより、むしろそれに気づけるような在り方だ。そして同じ部屋に会しているほかの誰にも劣らず、自分自身が今このときの当事者なのだと気づけるような在り方だ。

本書は、提示されている考え方はもちろん、謙虚に、人間らしさというものを受け入れて書かれているという点においても重要だ。アダムは、自分自身がコラボレーションを強いようとして逆効果になった話を打ち明ける。また、敵対者の正当性を尊重し、認め、かつては不可能に思われた未来を創造する方法を見つけた人々の非常に具体的な事例で理論を裏づける。本書は、理論だけではなく、事例に関しても洞察に富んでいる。

本書の根底には、呼び名のないスピリチュアルな次元がある。本書では、アダムの別の著作のタイトルにもなっている力と愛（Power and Love）という言葉が使われている。この言葉は、コラボレーションには不思議な面もあることを、不可知で定義不可能なものが含まれる余地があることを呼び起こす。この種のコラボレーションは、一集団の存続期間のある瞬間に取り組みの文脈が変わり、何か新しいことが起こる可能性が開かれるときに生じる。これが最も起こりやすくなるのが、力と愛を等しく使う能力が必要で、両方を同時に、同じ人間が使うべきという認識がある場合なのだ。

本書から伝わってくることは全体性《ホールネス》の要求だ。世の中の政治や人間の苦悩という過酷な現実に、一見したところ交渉不可能な対立の存在に、長い経緯のある侮蔑に向き合うよう、本書は私たちに求める。同時に、切望している今とは違う未来に、敵対者が有益な何かをもたらす可能性を考慮に入れてはどうかと促す。また、そうするためには、学び、過ちを犯す意識的な人間として私たちは個々に自己を探求しなければならない。善意にもかかわらず、信頼や合意や人への情愛を失うことはあるが、それでも行動を前進させることができることを受け入れなければならない。

現代は、もっぱら世の中のおかしな面に関心を寄せるジャーナリズムに声高に煽られて、文化やイデオロギーの衝突に走りそうになる時代である。ここでほんとうにやるべき仕事は、平和が勝利を得ることのできる余地をつくることだ。注目を集めることだけが目標、中身のないセレブが勝ち組、事実に欠けるでっちあげがフォロワーを獲得する手段というソーシャルメディアをものともせずに平和をめざすことだ。

世の中にも、私たちの慣例化された生活にも不必要な苦悩がたくさんあり、その大部分は我を通したいという欲求や信じていないことに適応したいという欲求によって引き起こされている。敵対者とのコラボレーションは、私たちが待ち望んでいた政治の一形態であり、力、愛、隣人との友好によって共同体における生活の再構築を実現できる方法と言えよう。

二〇一六年一二月

日本語版への序文——アダム・カヘン

本書を書いたきっかけは、ファシリテーターとしての仕事、そして自分の組織や私生活で起こる、ある現象に気づいたことだった。「やりたいことを成し遂げ、めざすべきところに向かうには、あの人たちと協力しなくてはならない。でも、あの人たちと協力するのはいやだ！」と、みんなが言う現象だ。ひとたび気づいてみると、こうした分断や二極化、ときには「敵化」が、あらゆるところで起きていることがわかった。そして、いかに多様な他者とのコラボレーションが困難であるかを思い知らされたのだ。

この現象はシステムの規模にかかわらず同じ性質を持つようだ。国際関係でも国内の政治でも、コミュニティや組織、家庭のなかでも、同じようなことが起きていた。本書は、この現象の本質に迫ろうとするものだ。私たちが多様な他者とコラボレーションしようとするとき、どんな相互作用が起きているのか？　各ステークホルダーの間で、各ステークホルダーの内面で、そして私たちそれぞれ自身のなかで何が起きているのか？　私は本書を通じて、他者とのコラボレーションに必要なものの本質に近づくことができたと考えている。

本書は私の長年の試行錯誤とそれによって得た学びに基づいたものだ。何かやり方を理解できたと思っては、それを試してみると思った通りにいかず、やり直す。何度もそういったことを繰り返してきたことが、本書を書くにいたった背景の一つだ。

もう一つ、背景にあるのは、この世界の対照的な二つの潮流だ。一つ目の潮流は、ネットワーク化が進み、より多くの声が共有されるようになったことで、特定の人が自分の望むことを無理やり一方的に進めるのが、難しくなってきたというものだ。これは本書で述べる取り組みへの追い風と言えるだろう。しかし同時に、世界の多くの場所で逆の潮流が高まっている。トップダウン型、いわば独裁的な体制がさまざまな文脈において台頭しているのだ。私は一つ目の潮流を後押しするため、そして、二つ目の潮流と闘う人を支援し励ますためのツールを提供するものとして、本書を執筆した。大きな社会課題、政治課題、組織内や自分のコミュニティ、家庭内の問題でも、規模にかかわらず、多様な他者と協力しようとするすべての人に、読んでほしいと思っている。

一九八六年から継続的に日本を訪ね仕事をしてきた。かれこれ三〇年以上になる。「他者とのコラボレーションは必要だが難しい」という状況は、形は違うかもしれないが、日本にも存在するだろう。日本の読者のみなさんにも、本書がお役に立てることを願っている。

二〇一八年九月

敵とのコラボレーション　目次

序文（ピーター・ブロック）　3
日本語版への序文　13
はじめに　20

序章
賛同できない人、好きではない人、信頼できない人と協働するには　23

第1章
コラボレーションはますます必要だが、ますます難しい　29
「あの人たちとはとうてい一緒に働けない！」　31

敵化症候群 33
コラボレーションの難しさの根幹 36

第2章 コラボレーションは唯一の選択肢ではない 41

進むべき道は不明瞭 43
「奇跡的な選択は、我々が協力して問題を片づけること」 44
コラボレーションには三つの代案がある 48
コラボレーションは選択肢の一つでなければならない 52

第3章 従来型の窮屈なコラボレーションは時代遅れ 61

締めつけは動きを妨げる 63
変化のマネジメントはコントロールを前提にしている 64
「唯一の正しい答えがある」 68
従来型コラボレーションの限界 70

第4章
いま求められるストレッチ・コラボレーション
ストレッチは柔軟性をもたらすが、快適ではない 79
内戦を終結させるには 81
ストレッチ・コラボレーションはコントロールという幻想を捨て去る 83
92

第5章
対立とつながりを受容する——第一のストレッチ 95
対話（ダイアログ）では十分ではない 97
全体は一つではない 106
すべてのホロンが二つの衝動をもつ 110
力と愛を交互に使う 114

第6章
進むべき道を実験する——第二のストレッチ 123
未来をコントロールすることはできないが、未来に影響を及ぼすことはできる 125
私たちは川底の石を探りながら川を渡っている 133

創造性はネガティブ・ケイパビリティを必要とする 140
確信ではなく可能性に耳を澄ます 142

第7章
ゲームに足を踏み入れる——第三のストレッチ 151
「あの人たち、が変わらなければならない!」 154
問題の一因でない人は、問題解決に参加しようがない 160
ニワトリではなくブタになれ 163

結論
ストレッチを身につけるには 167
進むべき道 180

監訳者による解説(小田理一郎) 182
謝辞 194
原注 203

はじめに

この二五年、今の時代のきわめて重要な課題に取り組むチームを手伝ってきた。どのチームもすぐれた人々がともに課題に取り組んでいた。課題は雇用、教育、健康、食料、エネルギー、気候、正義、安全、平和と多岐にわたる。こうした人々は事態を進展させようと頑張り、そのために仲間や友人だけでなく、反対者や敵対者とも進んで一緒に仕事をしようとしている。全政党の政治家、ゲリラと軍高官、活動家と官僚、労働組合員と会社幹部というように。こうしたコラボレーション（協働）は、うまくいったときは心が奮い立つような躍進を遂げたが、うまくいかなかったときは失望や幻滅を生み出した。世界中あちこちで、こんな非凡な経験をしてきた私は、コラボレーションの成否を間近で、色鮮やかに観察することができた。

同じ歳月、自分の日常生活でも、同僚、クライアント、パートナー、友人、家族とともに何かしらに取り組んできた。好んでそうしたこともあれば、そうではないこともあった。コラボレーションがうまくいけばうれしかったし、うまくいかなければフラストレーションを感じた。コラボレーションにかけては国際的なエキスパートである私が、いざ自分が実践するとどうして失敗なんかするんだろう？　こんな平凡な経験をしてきた私は、コラボレーションの成否をやはり間近で、ただし薄ぼんやりとだが観察することができた。

この二つの異なる体験群を並べてみて私は驚いた。コラボレーションの難しさの根幹は、非凡な状況でも平凡な状況でも同じだということに気づいたのだ。これは単純だが、たやすい課題ではない。すなわち、「賛同できない人、好きではない人、信頼できない人も含めた多様な人々とどうすれば協力して事に当たることができるのか？」という課題だ。

本書は、会社、政府、非営利組織の内部であれ、外部の組織やコミュニティやセクターとであれ、異質な相手とともに物事を成し遂げようと奮闘しているすべての人に向けて書いた。仲間や友人だけでなく、反対者や敵対者とも一緒に最重要課題を前進させなければならない、という人すべてのために。

長年にわたり、さまざまな背景でコラボレーションによって課題解決を試みる機会に豊富に恵まれた私は、たくさんの試行錯誤を経て、ともに仕事をするには何がほんとうに必要なのか次第に理解できるようになってきた。私が学んできたことを本書で報告したい。

序章

賛同できない人、好きではない人、信頼できない人と協働するには

How to Work with People You Don't Agree with or Like or Trust

私たちは至るところで同じ基本的な課題に直面している。家庭でも仕事でも、ビジネスでも政治でも、コミュニティ、国、地球全体とさまざまな規模の問題でも。それぞれ自分が重大だと思うことをどうにかしようとする。どうにかするには、他者と協力する必要がある。この他者には賛同できない人、好きではない人、信頼できない人も含まれる。だから私たちは悩む。この手の人たちとも協力しなければならないと考えると同時に、協力なんてとんでもないと考えるのだ。コラボレーション（協働）は不可欠でありながら、不可能に思える。どうすればよいのだろう？

コラボレーションが不可能に思えるのは、私たちがコラボレーションを誤解しているからだ。従来のコラボレーションの解釈は、みんながみんな同じチームの一員となって、同じ方向をめざし、こうなるべきと合意して、必ずそうなるようにし、必要なことをみんなにさせるというものだ。つまり、コラボレーションは統制下に置けるものであり、そうしなければならないという想定がある。計画立案会議のようなイメージだ。

しかし、この従来の想定は間違っている。複雑な状況で多様な人々と一緒に仕事をする場合、コラボレーションはコントロールできるものではないし、そうする必要もない。

非従来型のコラボレーションの方法、**ストレッチ・コラボレーション**は、コントロールという想定を捨て去るものだ。調和、確実性、従順という非現実的な幻想をあきらめ、不協和音、試行錯誤、共創という混乱した現実を受け入れるのだ。武術の稽古のようなイメージだ。ストレッチ・コラボレーションなら、複雑な状況であっても、賛同できない人、好きではない人、信頼できない人と一緒に物事を成し遂げられる。

　ストレッチ・コラボレーションでは、次の**三つのストレッチ**、つまり従来のコラボレーションの概念を引き伸ばし、根本的に取り組み方を変えることが求められる。

　第一に、他の協働者《コラボレーター》との関係について、チーム内の共有目標と調和を重視するという狭い範囲に集中することから抜け出し、チーム内外の対立とつながりの両方を受け入れる方向に広げていかなければならない。

　第二に、取り組みの進め方について、問題、解決策、計画に対する明確な合意があるべきと固執することから抜け出し、さまざまな観点や可能性を踏まえて体系的に実験する方向に広げていかなければなら

ストレッチ・コラボレーション

従来型コラボレーション

ない。

第三に、状況にどう関与するか、すなわち私たち自身が果たす役割について、他者の行動を変えようとすることから抜け出し、自分も問題の一因であるという意識で状況に取り組み、自身を変えることを厭わない方向に広げていかなければならない。自分自身がゲームに足を踏み入れるのだ。

この三つのストレッチはいずれも、当たり前と思われることの反対の行動を要求するゆえに、ストレッチ・コラボレーションはハードルが高い。複雑さに後ずさりするのではなく、複雑さに飛び込む。人がたいてい違和感や恐怖を覚えることだ。

この三つのストレッチでは、多元的であることも要求される。一つの支配的な全体、一つの最適な計画、一人の優秀なリーダーにだけ注意を払うのではなく、多数の多様性があるホロン(より大きな全体の一部である〝全体〟。詳しくは第5章で説明する)、多数の創発的な可能性、多数の共創者に関心を向けるということだ。

多様な人々がいる複雑な状況で物事を成し遂げるのは決して簡単ではない。エネルギーを結集しなければならないし、ニーズのバランスをとらなければならない。行動も起こさなければならない。ストレッチしたところでこの労力が消え去るわけではない。恐れや混乱が減り、つながりや意識は高まった状態で、事に当たれるにすぎない。ことわざにもあるように「悟りの前に木を切り、水を運べ。悟りの後も木を切り、水を運べ」なのだ。悟りを得たストレッチの後も、まだやるべき仕事はあるが、今度はもっとうまくやれる可能性が高い。

本書はストレッチ・コラボレーションの理論と実践を紹介するものだ。第1章では、なぜコラボレーションが必要か、なぜそれが本質的に難しいのかを説明する。第2章では、どんなときはコラボレーションが適していて、どんなときはそうではなく強制、適応、離脱が適しているのか、判断する方法を提案する。第3章では、従来型コラボレーションの限界と、それが適している状況はいかに限られているかを明らかにする。第4章では、ストレッチ・コラボレーションの概要を述べ、第5~7章で、三つのストレッチ、すなわち、**対立とつながりを受容すること**、**進むべき道を実験すること**、**ゲームに足を踏み入れること**について詳しく説明する。そして最後に、これらの考え方を実践するための訓練プログラムを提供する結論の章を設けてある。

コラボレーションに対する2つのアプローチ

	従来型 コラボレーション	**ストレッチ・ コラボレーション**
協働者どうしの関係	チームの利益と調和を重視（1つの支配的な全体）	対立とつながりを受容（多数の多様性があるホロン）
取り組みの進め方	問題と解決策に対する合意（1つの最適な計画）	進むべき道の実験（多数の創発的な可能性）
状況にどう関与するか	他者の行動を変える（1人の最高位のリーダー）	ゲームに足を踏み入れる（多数の共創者）

第1章

コラボレーションはますます必要だが、ますます難しい

Collaboration Is Becoming More Necessary and More Difficult

協力関係を結ぼうとする衝動、協力的な取り決めで連携しようとする衝動は、おそらく自然界で最も古く、最も強く、最も根元的な力だろう。孤立した自由な生き物などいない。あらゆる生命体はほかの生命体に依存しているのだ。

——ルイス・トーマス[1]

コラボレーションはしばしば否応なしに迫られるものであり、たいていは困難だ。しかも、必要になればなるほど、ますます難しいとわかる。

「あの人たちとはとうてい一緒に働けない！」

二〇一五年一一月、私は、ある国の各界を代表する三三人が集う場の第一回ワークショップでファシリテーターを務めていた。このリーダーたちは国の最重要課題に対する解決策を探るために会していた。最重要課題とは、国を荒廃させている不安感、不法行為、不平等の連鎖だった。会議に出席していた誰もがこの状況を憂い、何か手を打とうと決意していたし、個別に何かするより一緒に何かするほうが有益なことができるのではないかと考えていた。私は重要なプロジェクトだと思い、しっかりやるぞと心に決めていた。

参加者は、政治家、人権活動家、軍高官、事業主、宗教指導者、労働組合員、知識人、ジャーナリストと社会のあらゆる領域から集まっていた。それぞれのイデオロギーには大きな隔たりがあり、多くは政治的に、あるいは専門家として、あるいは個人的にライバルどうしだった。大方は互いに賛同できない相手、好きではない相手、信頼できない相手だった。国全体としても、この会としても、互いの疑念と保身が限りなく強まっていた。

最重要課題を解決するには、このような人々が協力する必要があったが、協力できるのか参加者たちに確信はなかった。

ワークショップはうまくいきそうだと私は考えていた。参加者たちは、全員で、また小グループに分かれて、食卓を囲みながら、散歩しながら、会場だったホテルの外に出て現地の住民やプロジェクトを訪ねながら、自分たちのかけ離れた体験と視点を話し合った。そして用心深く互いを知りはじめ、一緒に状況を打開できたらと望みはじめていた。

最終日の朝、プロジェクトの主催チーム（現地の一一人と私の同僚と私）は、いくつかのうまくいきそうにない点をめぐって言い争いになった。それは方法論の混乱、論理の欠陥、コミュニケーションの破綻についてだった。主催者のなかには私の仕事ぶりがまずいと考えている人もおり、翌日、その人たちは批判文を書いて内輪で回覧した。

その批判文を主催チームの一人が私に転送した。私は腹が立ち、主催者たちが陰で私の専門性やプロ意識を疑っていることに動揺した。プロジェクトに期待していた成果と収入が危うい状態にあることに怯えた。自己弁護しなければと思った私は、まず一通、それから二通、三通とメールを発信し、専門家としての見地からすれば、私がワークショップで行ったことは正しいと理由を説明した。自分がいくつか誤りを犯したことは知っていたが、今それを認めたら、よりいっそうの危険に身をさらすことになるのが心配だった。全体としては自分が正しく、彼らが間違っている。彼らは悪役、自分は不当な扱いを受けたヒーロー。そう確信していた。

その週、主催チームの面々と電話で話すうちに、私の態度は硬化していった。チームが抱えている問題に関して私を非難している人たちは、チームの努力と私を裏切るという理不尽な仕打ちをしていると思い、反撃し、彼らを非難した。私はますます疑心と不信が募り、一層独断的に、頑なになった。身の安全も守りたかったから、どんどん用心深く、ぬかりなくなった。私を非難する主催者たちには賛同できないし、好意も信頼も抱くまいと決意した。この問題をめぐって彼らと関わりたくなかった。いや、もうこれ以上一緒に仕事をしたくなかった。心底から彼らに消えてほしかった。

敵化症候群

この短期間の鋭い対立によって、私は長いこと考えていた課題に実感をもって向き合えるようになった。このプロジェクトを前進させることが私にとっては重要だが、そうするためには、他者と協力せざるをえなかった。この他者には、賛同できない人、好きではない人、信頼できない人も含まれていた。こういった人々を私はいつのまにか「敵」と考えるようになっていた。このようにチーム内部が二極化したせいで私たちの取り組みは危うくなった。さらに言えば、このチーム内という小規模な相互作用のなかで、より大きな国レベルのシステムの中心を占めるダイナミクス、すなわち不信、断片化、破綻を私たちは再現していた――プロジェクトが立ち上げられたのは、これらに対抗するためだというのに。

このありふれた事件で、私はありがちな行動をとっていた。私が〝**敵化**（enemyfying）〟と呼ぶ症候群だ。対処している相手を敵であるかのように、すなわち問題の原因であり、自分を傷つけている人だと決めつけて考え、行動してしまう症状だ。「他人」、「ライバル」、「競争相手」、「反対者」、「敵対者」、「敵」など、文脈によって微妙にニュアンスの異なる言葉を使い分けて、人はとかく自分と違う人間を表現するものだ。私たちは、日常的な状況でも、非日常的な状況でも、時によく考えたうえで、時に何も考えずに、時にはもはや習慣的に、こういったレッテル貼りを多用している。どんな場合であれ、敵というのは常に他者、そう、あの人たちだ。「私は毅然としている、あなたは頑固、彼は強情なバカ」という英語の動詞の不規則活用をもじったジョークがあるが、それに似ている。敵化の場合は、「私は違う見方をしている、あなたは間違っている、彼女は敵」となる。

敵化は至るところで見られる。メディアは毎日これに支配されている。人々は他者を打ち負かす相手としてのみならず、破滅させるべき敵として見る。この他者にはさまざまなレッテルが貼られる。ナショナリスト（国家主義者）とコスモポリタン（世界主義者）、移民と人種差別主義者、企業と環境保護論者、テロリストと異教徒といったように。

二〇一六年の米国大統領選挙は敵化であふれかえっていた。ドナルド・トランプの選挙運動について、コメディアンのアーシフ・マンドヴィは、敵化によって自己増殖的な悪循環が生まれている状態だと説明している。

トランプは本質的に、この国で最もびくびくした人種差別主義で外国人嫌いの、恐怖に基づくマインドセットを巧みに利用し、国内のみならず国外でもこれを正当化している。ISIS（イスラム国）にしろ、トランプにしろ、彼らの言い分は基本的にこうだ。心配して当然の理由がある、権利が奪われると感じて当然の理由がある、怒りを覚えて当然の理由がある、それはあそこにいるあいつらのせいだ。[2]

敵化、中傷、危険視は世界中の政治論に蔓延している。この敵化症候群は政治だけでなく、仕事でも、家庭でも発症する。

私自身もさんざんやっている。同僚、クライアント、納入業者、隣人、家族といった他者がしでかしたことを心の中で蒸し返すことがある。それが出来事のすべてではない、こちらの言い分であって公平な話ではないとはわかっているし、そんな話をしたって時間の無駄だともわかっている。そして、多くの人が同じことをしていることも知っている。たとえば、夫婦カウンセリングなら、たいていの人が「問題の原因はあっちにある。このカウンセリングで変わる必要があると理解してくれればいいが」と思いながらカウンセリングを受ける。敵化にはついそそられる魅力があるのだ。自分はＯＫ、直面している問題に責任がないと安心させてくれるからだ。

敵化は現実の差異を理解し、処理する方法の一つではある。圧倒されるほど複雑で多彩な現実を単純化して白黒はっきりつけてくれる。現在の状況がはっきりし、それに対処することにエネルギーを総動員できる。しかし、ジャーナリストのＨ・Ｌ・メンケンが言うように、「人間のどの問題にも安易な解決策は常にある――ただし、それは格好よくて、もっともらしいが、誤っている解決策」[3]なのだ。敵化すれば、気持ちが高ぶり、満足感があるし、正義や英雄気分さえ感じるものだが、たいていは直面している課題の現実を明らかにするのではなく、むしろ曖昧にしてしまう。敵化は対立を増強し、問題解決と創造性の余地を狭めてしまう。そして、決定的な勝利という実現不可能な夢をもたせて、実行すべき現実的な取り組みから気をそらせてしまう。

コラボレーションの難しさの根幹

私がこれまで観察し、私自身も陥ってきた敵化症候群は、コラボレーションの本質的な難しさを表している。

政治でも、仕事でも、家庭でも、コラボレーションは必要でありながら難しい。自分にとって重要なことを成し遂げるためには、自分とは違う物の見方をする人と協力する必要がある。しかも、問題が重要であるほど、見方の違いが大きいほど、コラボレーションが必要になり、難しくもなる。

コラボレーションの難しさの根幹は、辞書に書かれているこの言葉の二つの定義の間にある、緊張関係に表れている。一つめの定義は単に「〜と共同で働くこと（共同作業）」だが、もう一つの定義は「裏切って敵に協力すること（利敵協力）」だ。[4] つまり、この言葉は、エネルギッシュでクリエイティブな作業チームのように寛大で包括的な進歩のストーリー（「一丸となって協力だ！」）を呼び起こすと同時に、第二次世界大戦中のナチスドイツ占領下のフランスのように堕落した道徳観念のない悪行のストーリー（「対独協力者に死を！」）も呼び起こす。

コラボレーションの難しいところは、前に進むためには、賛同できない人、好きではない人、信頼できない人も含め、他者と協力しなければならないが、一方、背信行為をしないためには、そういう人々と協力してはいけないということだ。

この難題はますます深刻になっている。人々はより自由で個人主義になり、ゆえに多様化が進み、個人の発言力が高まり、上意下達は通用しにくくなっている。人々のアイデンティティと所属関係は流動性を増している。新しいテクノロジーの影響で、政治、組織、社会、家族のヒエラルキーは崩れていき、不安定さ、不確実性、複雑性、曖昧さが増している。

したがって、一方的に、あるいは仲間や友人とだけ組んで何かを成し遂げることは、前にもましてできなくなっている。よりいっそう、反対者や敵対者を含む他者と協力する必要がある――もちろん、それがますます難しくなっていることに気づかされる。

このコラボレーションの難題は、弱体化している権威主義や従属からの脱却という点ではすばらしい。一方、失敗すれば、分裂、二極化、暴力をますます増大させてしまうという点では最悪だ。

私たちはもっと効果的なコラボレーションの方法を見つけなければならない。

「あの人たちとはとうてい一緒に働けない！」と口にするとき、私たちはコラボレーションの難題に真正面から向き合っている。このよくある不満の声はどういう意味だろう？　あの人たちと一緒に働きたくないという意味かもしれない。あるいは、働くことができない、働く必要はない、という意味かもしれない。こんな状況で、ある人たちと一緒に働くことが望ましくない、不可能、不必要と考える場合、当然ながら、その人たち抜きで、あるいは、その人たちに対抗して仕事をしようとすることになる。相手を避けるか、打ち負かすかというわけだ。

しかし、あの人たちと一緒に働くことが必要だと考えている場合はどうすればよいだろう？そう考えるのは、相手を避けられない、打ち負かせないと懸念しているからかもしれないし、こちらが求めるスキルやリソースを相手がもっているからかもしれない。あの人たちを除外するなんて間違っているという信念があるからということも考えられる。

こんな状況のとき、私たちはコラボレーションの難しさの根幹をなすものを突きつけられている。他者の価値観や行動を自分たちとは違うと見る。相手が間違っているか悪いと思い込む。不満や怒りを感じる。協力しなければならないのは承知しているが、できるものならそうしたくない。正しいと信じていること、自分たちにとって最も重要なことを譲歩したり、裏切ったりしなければならないことを心配する。このような状況では、あの人たちと協力する必要があるとわかっていても、どうすればうまく協力できるのかはわからない。

さて、賛同できない人、好きではない人、信頼できない人と協働するとき、どうすればうまくいくのだろう?

第2章
コラボレーションは唯一の選択肢ではない

Collaboration Is Not The Only Option

兵法書の『孫子』は戦争をするためだけの書物ではない。むしろ、極端で混沌とした状況やあらゆる種類の対立を効果的かつ巧妙に処理するための指南書である。人生において対立は避けられないと認めているだけでなく、その対立を大きくせずに目的を達成できるとも説く。

『孫子』が長く読み継がれている理由はここにある――戦争を首尾よく遂行する方法を教えているのではなく、対立が「戦争」の段階にまで達する必要はほとんどないと教えている。戦争となれば、きわめて二極化した闘争が、国家、ビジネスパートナー、同僚、友人、何であれ、巻き込まれる当事者のリソースを消耗させてしまうのだ。

――ジェームズ・ギミアン、バリー・ボイス[1]

いつ協働すべきかわからないうちは、どう協働すべきかに答えを出すことはできない。コラボレーションは、〝問題の複合する状況〟に対応する方法として考えられる四つの方法の一つにすぎない。コラボレーションは必ずしも最善の選択ではない。

進むべき道は不明瞭

ジョンとメアリーは途方に暮れている。息子のボブがまた住宅ローンの支払いを滞納し、今回は家を失う危機に瀕している。ふたりはボブとその家族を案じて怯え、息子を救済することにうんざりしてもいる。前にもそうしたように支払いを肩代わりしてやるべきか？　しっかりしなさいと息子を説得すべきか？　息子を切り捨てて、自分の面倒は自分でどうにかさせるべきか？　この状況に対処する方法を息子と一緒に探すべきか？　ふたりはどうしたらよいかわからない。

この単純なエピソードに、協力して難しい状況に対処しようとする試みの出発点が示されている。物事は私たちの望むようには進まない。特に他者はこちらの望むようには動かないものだ。私たちにはいくつかの選択肢がある。コラボレーションを試みるべきだろうか？

「奇跡的な選択は、我々が協力して問題を片づけること」

私がコラボレーションの可能性に興味をもつようになったきっかけは、一九九一年の南アフリカでの触発される経験だった。当時、私はエネルギー会社、ロイヤル・ダッチ・シェルのロンドン本社で働いており、グローバルな社会的・政治的・経済的シナリオ、すなわち会社の将来のビジネス環境に起こりうる何通りかのストーリーを作成する仕事をしていた。その一年前、F・W・デクラークの白人政権はネルソン・マンデラを刑務所から釈放し、アパルトヘイト体制を終わらせて民主主義に移行するための交渉を始めていた。ウェスタンケープ大学の二人の教授、ピーター・ル・ルーとヴィンセント・マファイは、どうすれば南アフリカ国民が国の体制移行を遂げられるかじっくり検討するために、シェルのシナリオ・プランニング手法を使えないかと考えていた。この取り組みを方法論の面で指導するために私は両教授に招かれた。こうして私はモン・フルー・シナリオ演習のファシリテーターを引き受けることになった。[2] ル・ルーとマファイは、このシナリオ演習を同僚だけで構成されるチーム（シェルでそうしていたように）で行うのではなく、分離された社会全体からリーダーを集めて行うことに決めた。政治家、実業家、労働組合員、コミュニティのリーダー、学者と多様なメンバーが参加し、黒人も白人も、反体制側も体制側も、左派も右派もいるチームにしたのだ。私がこのチームと一緒に仕事をしたのは一九九一年から一九九二年にかけての四回の週末だった。互いの隔たりの大きさにもかかわらず、チームは和気あいあいと創造的に協働していた。そして体制移行を成功させようとする南アフリカ国民に対して、意義ある貢献をすることができた。これには驚いた。

モン・フルーでの体験によって、この世界で、そして私自身の人生で可能だと認識していたことがひっくり返った。初めてケープタウンに行ったとき、私が目撃することになるものを例示するようなジョークを耳にした。「わが国の圧倒されそうな問題に直面し、我々には現実的な選択か奇跡的な選択かという二つの選択肢がある。現実的な選択は、我々全員がひざまずき、天国から天使の一団が舞い降りて、我々に代わって問題を解決してくれますようにと祈ること。奇跡的な選択は、我々が協力して問題を片づけること」。私はこのジョークが気に入ってしまい、それ以来、何度となく口にした。南アフリカ国民は、敵と協働することによって、奇跡的な選択のほうを現実にすることに成功したと私は見て取った。

モン・フルーで体験したことにすっかり夢中になった私は、シェルを辞し、ケープタウンへ移住して、モン・フルーで見つけた一縷の希望を追うことに専念した。コラボレーションこそが複雑な課題に取り組む最善の方法だという確信があった。以来二十数年、私は世界中で何十もの大規模なコラボレーションを指揮し、この仕事をサポートするための社会的企業を共同創業し、私や仕事仲間が発見した原則や実践に関する三冊の本を書いた。

しかし、この年月のところどころで、コラボレーションという選択に心のなかでは疑問が生じることがあった。たとえば、二〇〇三年、農業活動家のハル・ハミルトンと私は、サステナブル・フード・ラボ（SFL）という大規模なコラボレーションを構想した。この取り組みは、今でも活発に続いている。ユニリーバ、ウォルマート、スターバックスなどの企業、WWF（世界自然保護基金）、オックスファム、レインフォレスト・アライアンスなどのNGO、農業従事者、研究者、政府機関を集めて、グローバルな食料システムをもっと持続可能なものにする動きを加速させようというものだ。[3]

SFLの創設メンバーを集めていた最初の数カ月、ハミルトンと私は食料システムに携わるさまざまなリーダーに会って、このような事業に参加することに興味があるかどうか話をした。参加すれば自分たちの取り組んでいる持続可能性の目標達成にもプラスになるだろうと考える人が多く、二〇〇四年半ばには多様性に富んだ大きなチームができあがり、ラボを始動させることができた。

しかし、メンバーを集めるなかで、心にひっかかることがあった。参加を求めたが断られた三つの組織が出した、よく考えた末の結論だ。一つはグローバル企業で、競争優位性を獲得する一手段として持続可能性を独自に追求したいと言った。二つ目は国際的な労働者組織で、SFLのような団体の一員になることに興味はあるが、十分力をつけて、参加企業と対等の関係になれるまでは参加できないと言った。最後の一つは政府機関で、不公平だと非難されずに規制を導入したり、強化したりできるように他組織とは独立して活動することが自分たちの役割だと考えていると言った。三組織ともにコラボレーションが最善の選択ではない理由があった。

一方、二〇〇〇年から二〇一二年まで断続的に、私は何人かのベネズエラ人の仕事仲間が広範なマルチステークホルダー型コラボレーションを組織する手伝いをしていた。これはベネズエラが直面する深刻な経済・社会・政治問題に対処するためのプロジェクトだったが、ウゴ・チャベス革命社会主義政権が参加を渋るという困難に何度もぶつかり、軌道に乗ることはなかった。

二〇一一年、あるベネズエラ野党議員から政府の非協力ぶりが度を越しているという話を聞いた。「政府と議会の野党議員も以前はいくつかの委員会では協力できていました」と彼は言った。「それが今や政府は私たちと話し合うことを一切拒否しています。私が最近チャベス派と話をしたのは、人目につかない議会の男性用トイレで、隣の便器に立っていた人にこう耳打ちされたときだけです。『君らが政権を取ったら、僕らが友達だってことを忘れないでくれよな』と」

最終的に私が理解したのは、チャベス政権が私たちのプロジェクトへの参加を拒否するのはコラボレーションの原則や機会を理解していないからではないということだった。コラボレーションについて、私たちがもっと入念に、納得のいくように説明し直す必要があるわけではない。チャベス政権が拒否したのは、彼らの戦略の一端がコラボレーションとは逆の論理的前提に基づいているからだった。政敵を裏切り者の資本主義エリートと悪者扱いすれば大衆の支持基盤を維持しやすいという前提だ。つまり、チャベス派にとって（他国の政治家と同じように）、コラボレーションは最善の選択ではなかったのだ。

さらに、この間、クライアントのコラボレーションを支援しようとしながら、私自身も問題を抱えていた。人間関係がいろいろとうまくいかず、長い間意思疎通もままならないような、悲しい仲たがいを経験した。ビジネスパートナーとの長引く対立も三回あった。それぞれ違う相手との対立で、どれも意見の相違がだんだん険悪になり、私も相手もそれを解消できなかった。こういう経験があって私は途方に暮れてしまった。自分の身近な対立も片づけられないのに、人の特殊な背景の対立を解決に導こうと首をつっこむなんて、自分はペテン師ではないかと。

コラボレーションには三つの代案がある

それから何年も過ぎてから、タイにいたとき、ようやく私はコラボレーションを選ぶ場合の必要条件をはっきり理解した。

それは二〇一〇年八月、当時続いていた親政府勢力と反政府勢力の政治紛争を憂慮する市民グループの招きでバンコクに行ったときのことだ。この紛争で流血の抗議行動まで起きたばかりだった。市民グループのメンバーは政情不安や二極化、暴力が手に負えない状況に陥り、最悪の場合は内戦になるのではないかと恐れていた。このグループが、タイの政治、企業、軍部、特権階級、市民社会組織から広くリーダーを集めてチームを招集した。集まったのは、対立のさまざまな党派を代表する面々で、ほとんどが悪化する事態の責任を互いになすりつけ合っていた。しかし、それでも彼らは全員にとって切実な問いに協力して答えを出そうとしていた。「子どもたちにどんなタイを残したいのか?」という問いだ。

私はワークショップに参加し、さまざまな関係者との小さいミーティングにもたくさん参加して、紛争の打開策を見つける手伝いをしようとした。タイの歴史、文化、価値観は、個々の点を見れば独特であり、それに私は困惑した。しかし、タイの人々もまた世界中で見られるのと同じ、社会のダイナミクスと戦っていた。その意味では、このチームと一緒に仕事をすることで、これらのダイナミクスに対処するために欠かせないことについて一般的な教訓を得ることができた。

二〇一三年四月から八月にかけて、チームは自国の現状を理解することに取り組んだ。多様な体験と認識を互いに共有し、学識経験者や一般市民とも会った。こうして現状に浸ることから、チームはタイが直面している三つの複雑な問題、すなわち社会的・文化的緊張、経済・環境問題の逼迫、政治的・制度的制約を選んだ。タイの将来がどうなるかは、これらの問題に取り組むためにタイ国民が何をするかという細部よりも、どう取り組むかにかかっているというのがチームの総意だった。

チームは自国の問題に対してタイ国民が選びうる三つの基本姿勢があるとし、それぞれのシナリオを「We Adapt（適応する）」「We Force（強制する）」「We Collaborate（協働する）」と名づけた。

「適応する」は、タイ国民がひたすら自分と自分の家族や組織の面倒だけみて、それより大きい社会問題は人任せ、特に政府やエリートに任せるシナリオだ。これは、ほとんどの個人や組織がとり慣れている姿勢だった。

「強制する」は、多くの人が社会問題に対するトップダウンの解決策を強く求めるか、もしくはトップダウンを強いるような政治運動に関わるようになるシナリオだ。それを勝ち取るために戦うことになる。タイ国民は過去にこの姿勢をとったことがある。直近では二〇〇八～二〇一〇年の政情不安の時期にそうだった。

「協働する」は、多くの人が党派や部門を横断した新しい取り組みに関わって数々のボトムアップの解決策を考え出すシナリオだ。これは、ほかの二つと比較するとタイでは先例のないアプローチだった。

チームの主な結論は、二つの慣れ親しんだ姿勢、「適応する」か「強制する」が優勢であるかぎり、タイ国民は自国の複雑な問題に対処できないだろうということだった。問題が複雑すぎるうえに、社会が二極化しすぎているから、成功する打開策を特定の党派の専門家や当局からトップダウンで命じることはできなかった。タイ国民が問題に対処できるのは、なじみの薄い、より包括的な「協働する」の姿勢をとる場合にかぎられると思われた。そこでチームは、この能力を育成するための、名づけて「Collaborate We Can（私たちは協働できる）」という運動を立ち上げた。長年の自分のコラボレーションに対する信念と一致する結論に私は満足した。

二〇一三年一一月、チームが報告書をまとめるのを支援するために私はタイに戻った。しかし、テレビに映し出される現実が、みるみるうちに私たちの予想を超える展開となった。政府が前の政情不安の時期に犯した犯罪に対して、政治家に恩赦を与える法律を通過させようとしたことが発端だった。この法律を腐敗と考える反政府抗議者が大挙して大規模な抗議集会を組織し、政府庁舎に押し入り、選挙で選ばれた議会を拒んで指名した評議会と交代させることを要求したのだ。双方の敵化がエスカレートし、お互いが相手側を不合理だ、悪だ、反逆だと糾弾した。チームが最も恐れていたタイが内戦に陥るという事態が、今や現実になるかと思われた。

こうして「協働する」シナリオを実行に移す活動が頓挫したことに私は不安になり、落胆した。なにより私が驚いたのは、タイ人の仲間の実に多くが、この重大局面にあってコラボレーションとは抵抗をやめて従うことだと確信し、親政府または反政府活動を熱心に支持することによって「強制する」シナリオをさまざまな形で実行に移そうとしていたことだった。

二〇一四年に入って数カ月というもの、タイの政治紛争は議会、法廷、街頭で続いた。反政府抗議者がバンコク中央部を部分的に占拠し、政府庁舎を奪取し、力ずくで新政府の選挙を妨害した。政府は非常事態宣言を発し、占拠された場所を閉鎖しようとした。両陣営は紛争終結に向けて話し合いをもったが、いずれも失敗に終わった。ついに、二〇一四年五月、軍部が独自の「強制する」を実行した。クーデターを起こし、軍事暫定政権を樹立して国を治め、戒厳令を敷き、メディアを検閲し、政治家や活動家を逮捕したのだ——私たちのチームの何人かも逮捕された。

タイ史に残るこの数カ月に、チームが描いた三つのシナリオはすべて演じられた。しかし、国家的危機が激化すると、多くのタイ国民が「適応する」と「協働する」を捨てて「強制する」を選んだ。人々は反対者や敵対者とのコラボレーションを受け入れ難いと見た。コラボレーションを最善の選択とは見なかったのだ。

その後の数カ月、私はタイ人の仲間と一連の出来事について、その意味について何度も話し合った。チームの考えた三つの基本姿勢について話し合うほど、私はその意義に気づくことになった。そして私はこう考えるようになった。チームは、タイ国民だけでなく、人が難しい状況に対処するために選びうる選択肢の典型的な枠組みを明らかにしたのだと。

コラボレーションは選択肢の一つでなければならない

私がタイで理解するに至ったことは、問題の複合する状況に直面しているときは常に、政治でも仕事でも家庭でも、四通りの反応、すなわち**コラボレーション**、**強制**、**適応**、**離脱**の選択肢があるということだ（タイのチームは、国内から変化をもたらすことに主眼を置いていたので離脱については検討しなかった）。四つすべての選択肢がとりうる状況にあるとは限らない。たとえば、強制を採用する手段はないこともある。しかし、常にこの四つの選択肢から選ぶ必要はあるのだ。

多くの人はコラボレーションを最善かつ正しいデフォルトの選択だと考える。私たちはみんな互いにつながり、依存し合っているのだから協力すべきだと考えるのだ。これは私がモン・フルーで学んだことだが、今ではそれも時と場合によると考えている。私たちは常に誰とでも協力できるわけではないし、誰とも協力できないわけでもない。だから、コラボレーションは必ずしも正しくはなく、必ずしも間違いでもない。実際上の問題として、私たちは状況ごとに協働するかしないかを決めなければならない。

四つからどれを選ぶかは、合理的に、あるいは直観的に、あるいは習慣的に決定されるが、いずれにしても、それぞれを選んだ場合の好機（プラス面）とリスク（マイナス面）を明確に把握しておかなければならない。

コラボレーションを試みるのは、置かれている状況を変えることを望み、かつ他者と協力して（多方向的に）変える以外に変化を実現する方法がないと考える場合だ。自分たちだけでは何をすべきかわからない、わかるにしても、自分たちだけではそれを成し遂げることができない。望もうと望むまいと、今の状況では、協働しなければならない。そう考える場合だ。

他者と――仲間や友人はもちろん、おそらくは反対者や敵対者とも――協力して、より効果的な打開策を見つけ、今の状況にできるかぎり大きく、持続的な影響を及ぼすならば、コラボレーションは好機となる。しかし、コラボレーションは特効薬ではない。そのリスクは、実り少なく、遅々として進まないということだ。大幅に妥協する、相手側に取り込まれる、自分たちにとって最も重要なことを裏切るという結果になるリスクがあるのだ。たとえば、一九九〇年代初め、南アフリカの人々は、モン・フルーやほかの場所でコラボレーションを選択し、交渉による民主主義への移行を果たした。これが最善の選択だとほとんどの人が信じていた――しかし、この決定とコラボレーションに伴う妥協は、当時論争の的となったし、今はさらにそうなっている。

強制を試みるのは、今の状況を他者と協力せず（一方的に）変えるべき、あるいは変えられるかもしれないと考える場合だ。自分たちだけで、あるいは仲間や友人と一緒になら、何をすべきか一番よくわかるから、それを他者に強いなければならないし、強いることもできると考える。強いる方法はいくらでもある。平和的な方法も暴力的な方法もあるし、誘い込むか打ち負かすか、どちらもありうる。着想、スキル、支持者、投票、権限、金銭、武器……いろいろ

問題の複合する状況に対する四つの対処法

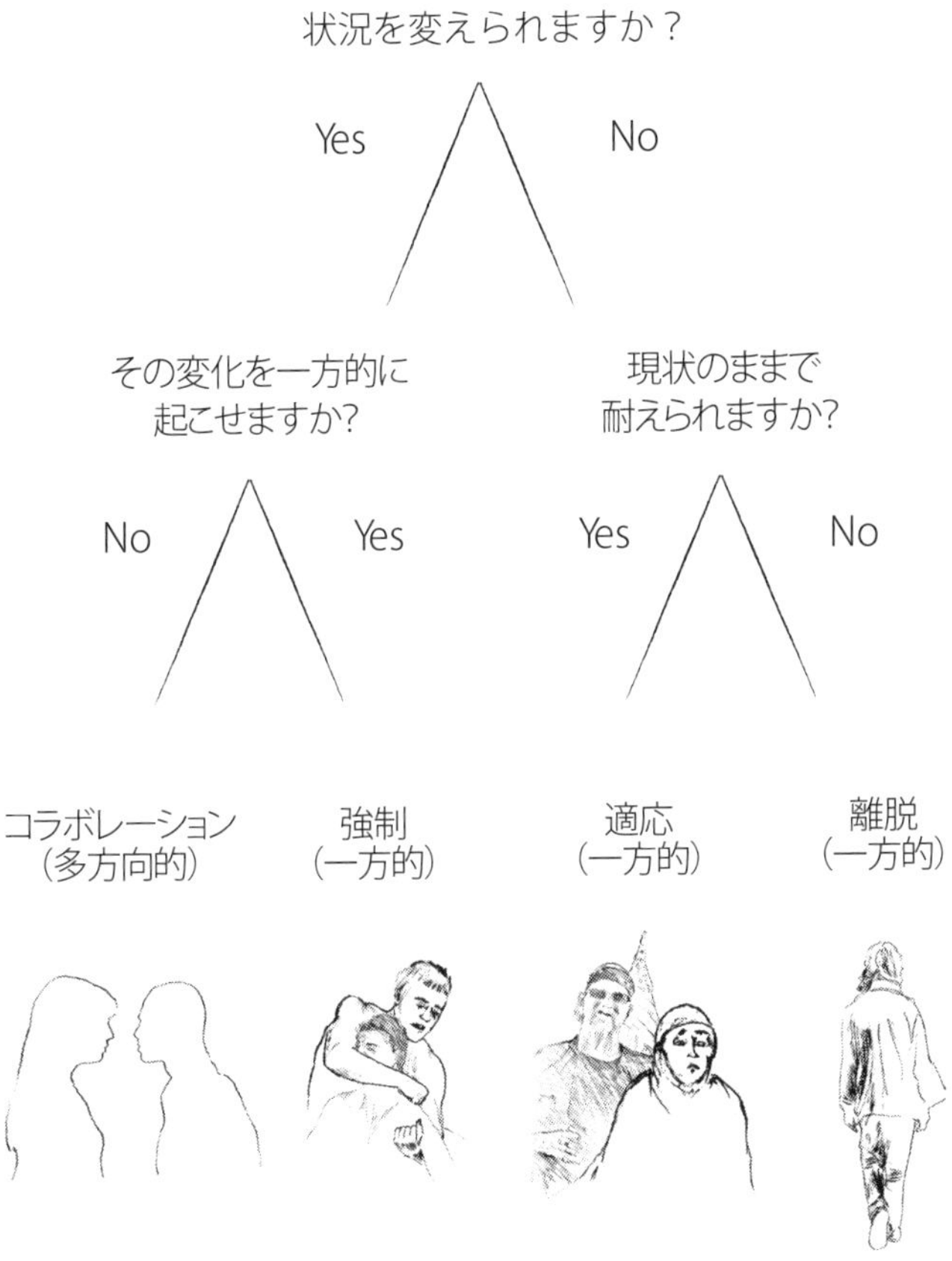

なものを利用するのだ。

強制の好機は、それが多くの人にとって自然で習慣的な考え方と一致するという点にある。その人たちは、ほとんどの状況で、変化を起こすには強制が最善の――おそらく唯一現実的とさえ言える――方法だと信じている。また、原則として正当な理由で力を行使するのは正しい、そうしないのは間違っているし、臆病だと信じている。強制のリスクは、自分たちがなすべきだと考えていることを押し通そうとすれば、違う考えの人たちに押し返され、それによって意図する結果を達成できないことだ。二〇一四年には、タイの政治紛争の両陣営がそれぞれ望む結果を強制しようとしていたが、結果的に軍部が軍のやり方を強制することになった。多くの人が軍部の行動に同意したのは暴力がエスカレートするのを阻止できるからだったが、タイ国家の難題への取り組みは停滞したにすぎない。

適応を試みるのは、今の状況を変えられないから、それに耐える方法を見つける必要があると考える場合だ。適応するには、たくさんの知恵と創意工夫と勇気を要することがあるが、それらを発揮する範囲は限定される。自分たちが直接影響を及ぼせる領域の外で起きていることを変えることはできない。ゲームのルールを変えることができない以上、できるだけうまくプレーするしかない。そう信じているから、可能な範囲で最善を尽くすことに集中し、周囲で起きていることは無視するか避けるか、それに適応するのだ。

適応の好機は、変えられないものを変えようとすることにエネルギーを費やさずに何とか生きていける点にある。適応という選択でまずまずの場合もあれば、良い選択ではないにしてもそれをするので精一杯だという場合もある。適応のリスクは、身を置いている状況が過酷だと適応できなくなり、生き残るだけで必死という事態になることだ。サステナブル・フード・ラボへの参加を断った三組織は、新しいコラボレーションに参加してシステムを変えようとするより、現状のままのシステム内で活動すれば目標を達成できると考えた。

離脱を試みるのは、今の状況を変えられず、もはやそれに耐える気もないという場合だ。やめる、離婚する、立ち去る、などが離脱の方法だ。離脱が簡単で気楽な場合もあれば、自分にとって重要な多くのことをあきらめなければならない場合もある。ベネズエラでは、百万人以上が国の危機に絶望して、国外へ移住した。

このように四つの選択肢を分析してみることで、ビジネスパートナーと対立していた時期に自分のしていたことをよく理解できるようになった。まず、私は適応を試みた。自分のやりたいことをやる方法を探りつつ、現状のパートナー関係に収まろうとしたのだ——相手とうまくやっていくために同調する姿勢だった。これがうまくいかないと、現状を変えるためにコラボレーションを試みたが、これもうまくいかなかった。対立を恐れて、つまり傷ついたり、メンツを失ったりするのを心配して、逃げ腰になり、角が立たないように、手に負えない事態にならないようにしようとしたのだ。そのせいで一緒に仕事を続けられるような方法で双方の意見の相違を解消できなかったし、私は対立をとても居心地悪いものと感じていたので、合意できないのに一緒に仕事を続けられるとはとうてい思えなかった。最後は、強制を試みた。パートナーの望みに反しても、私の望むように物事をもっていこうとしたのだ。私が勝ち、相手がパートナー関係から追い出される場合もあったし、去るのは私という場合もあった。

この四つの選択肢からの選択を、力という実用的な観点から見てみよう。この観点から言えば、コラボレーションを選ぶのは、それが目標を達成する最善の方法である場合に限られる。つまり、一方的な選択である適応と離脱が受け入れ難く、やはり一方的な選択である強制も不可能である場合に、多方向的な選択であるコラボレーションを選ぶことになる。別の言い方をすれば、相手側の力がより強く、無理にでも事態を望むように動かせる場合に適応もしくは離脱を選び、こちら側の力のほうが強い場合に強制を選び、関係者の力が互角で、誰も意志を押しつけられない場合のみコラボレーションを選ぶということだ。

もちろん、こちら側だけでコラボレーションは選べない。協働する必要があり、そうしたいと関係者全員が合意している場合なら、コラボレーションを始めるのはたやすい。しかし、こちらは協働したいが、相手はしたくない（あるいは、その逆）ということがよくある。相手は、離脱または適応（当方と交渉しない）か強制（当方を打ち負かす）のほうがコラボレーションより適切な選択ではないかと評価している。そうした状況でとりうる方法は、相手が自らとった一方的な選択による結果の見通しについてフラストレーション、疑い、絶望が高まり、それによってコラボレーションに対する関心が高まるのを待つことだ。あるいは、そういったフラストレーション、疑い、絶望が高まるように働きかける方法もある——たとえば、対抗勢力を利用する用意があるし、そうできるのだと表明して。あるいは、コラボレーションによってもたらされる結果の見通しをめぐる高揚感、好奇心、希望が高まるように働きかける方法もある——たとえば、第三者に活動の安全性を保証させるなどだ。

最後に、私たちがコラボレーションを決める理由は、身を置いている特定の状況の性質だけではなく、一般的な好みの問題ということもある。コラボレーション、コミュニティ、交流を好む理由は、政治的、文化的、心理学的、精神的なものなど、いろいろあるだろう。

コラボレーションは唯一の選択ではないのだから、与えられた状況で、コラボレーションを選ぶのか、それとも強制か、適応か、離脱か、意識的に考える必要がある。さて、合理性と直観と好みのどんな組み合わせからにしろ、コラボレーションを選んだとしよう。そうすると、次はこの問いに直面する。どうすればそれをうまくできるのだろうか？

第3章

従来型の窮屈なコラボレーションは時代遅れ

Conventional, Constricted Collaboration Is Becoming Obsolete

難しいのは、新しい考え方そのものではなく、古い考え方から脱却することである。古い考え方は、ありふれた育ちの者ならば、心の隅々にまで枝葉を伸ばしているのだから。

——ジョン・メイナード・ケインズ[1]

多くの人はコラボレーションをするとき、デフォルト・モードとして、状況をコントロールしようとする。しかし、ほとんどの複雑で意見が割れる状況では、このモードは機能しないし、機能するはずもない。

締めつけは動きを妨げる

ジョンとメアリーは、息子のボブの金銭問題についてどうすべきか話し合っている。ふたりは力になりたいとは思うものの、経験上、息子にああしろ、こうしろと強制できないことも承知している。ふたりは夫婦喧嘩もしたくないし、ボブとも争いたくない。となれば、一緒に解決策を見つけるしかない。

ジョンは指導的なアプローチを選ぶ。息子は長い間、人生をしくじってきた。これっきりとして息子にけりをつけさせる必要があると。一方でメアリーはこう考えている。息子は仕事がうまくいかなくて苦労している。親が金銭援助をして孫たちが困らないようにしてやるべきだが、ジョンの意見に従うつもりだと。ふたりはぎりぎりの折衷案に合意し、住宅ローンの滞納分を支払うためのお金を援助するが、今後は面倒を見ないと引導を渡すことにする。

ジョンはボブに会って昼食をともにし、ボブの状況説明を聞き、その状況から助け出すためにしてやろうと妻と一緒に決めたことを親身な声でボブに伝える。ボブは自己弁護したい気持ちになるが、ジョンに感謝して、申し出を受け入れ、もっとお金に慎重になると約束する。

ボブは帰宅して、助けてもらえてほっとしたが、両親が自分を子ども扱いするのには腹が立つと妻のジェーンに話す。ボブは自分の行動を変える術を知らないから、金銭問題は再発する。ジョンとメアリーは息子に利用されていると感じ、落胆する。四人の間に溝が生じ、一緒に過ごす時間は減り、関係が冷めていく。彼らは自分たちの問題を解決に向けて何ら進展させることができなかった——それどころか、今はいっそう不満が募り、怒りを覚えている。

変化のマネジメントはコントロールを前提にしている

私の初期の仕事はすべて、そしてコンサルタントとしての初期のプロジェクトの多くも、企業、政府機関、研究所などの大きな組織のための仕事だった。だから、大きな組織の典型的なやり方は承知している。ある組織の変化のプロセスを架空のストーリーで紹介しよう。

スーザン・ジョーンズは大病院のCEOだ。この病院は社会的・経済的・技術的環境のめまぐるしい変化に直面しており、臨床面でも財政面でも一貫してろくな結果を出していない。彼女は病院運営を一変させる総合的なプロジェクトを役員会に認めさせる。病院スタッフの現状にさまざまな変化を起こすためのこの改革には、医師、看護師、研究員、技師、管理者と多くのプロフェッショナルが必要だ。したがって、この取り組みを一方的に命令したり、押しつけたりすることはできないと彼女は承知している。そこで、このプロジェクトは協働しながら取り組んでいこうと決意する。

ジョーンズは、全部署から病院の経営幹部クラスのマネジャー二五人を集め、改革チームを立ち上げる。そしてメンバーがチームとしてまとまり、改革に向けた計画に合意できるように病院外でワークショップを開催する。専門コンサルタントも雇い、病院の問題の診断と解決策の処方を依頼し、報告書をワークショップに提出させる。彼女はワークショップの論点を患者にとって、病院全体にとって何がベストかという点に絞り、マネジャーたちに部署内の狭い議題は脇に置いてくれと強く要求する。

ワークショップの最後に、チームはコンサルタントたちが提言した解決策を実行するための計画について合意に達する。計画には、改革を果たすために各部署が遂行しなければならないこと、また計画が期限内かつ予算内で確実に実行されるようにするための報奨と制裁も明記されている。ジョーンズもチームも、この重要で込み入った仕事を成し遂げられて喜んだ。

ジョーンズは病院の全スタッフにメールを送り、改革の開始を発表する。しかし、スタッフのほとんどは、このメールに冷笑と警戒で反応する。こんな改革がうまくいくのかと疑い、自分のプロとしての基準を曲げなければならないのかと心配し、仕事がつまらない、不安定なものになるのではないかと恐れているのだ。スタッフは非難の矛先をジョーンズ、上司、コンサルタント、他部署の人間に向ける。公衆衛生局の役人や患者も新聞やソーシャルメディアで懸念の声をあげる。

マネジャーたちが計画を実行しはじめると、予想外の厄介な問題、遅延、抵抗、予算超過にぶつかる。マネジャーたちが強く計画を推し進めれば進めるほど、取り組みは行き詰まる。臨床面と財政面の結果もさらに悪化する。ついに、役員会が改革プロジェクトは失敗したと宣言し、プロジェクトを中止する。院内は非難合戦に陥る。

このコラボレーションによる改革を実行するうえで、ジョーンズは三つの典型的な過ちを犯した。

第一に、ジョーンズはこのプロジェクトに関する話の一切を病院全体としての利益に一点集中させてしまった。そうすることで、各部署や個々人は、院内で起こっていることやそれがどうなるべきかについて、それぞれ根本的に異なる見方をしており、また病院改革は勝者と敗者を生むという重大な事実を覆い隠してしまった。ジョーンズは、「全体の利益」について話すとき、全体の利益と自分の利益(報酬とキャリア)が一致するのは彼女だけという不都合な事実も見逃してしまった——ほかの全員の利益は大部分が自分の部署や仕事がどうなるかにかかっていた。最適化の対象となる一つだけの全体があるという前提が真実と異なっていた。実際は、管理すべきたくさんの全体があり、全体は一つだけとするのは単純化しすぎであり、操作的だった。

ジョーンズの第二の過ちは、病院改革を進めようとして、彼女とコンサルタントたちが性急に問題への統一見解、解決策、計画を明言してしまったことだ。しかし、病院の実態は複雑すぎるうえに、あまりにも多くの人がそれぞれの見方や提案をもっていて、実質的で偽りのない合意に達することはできなかった。しかも、うまく機能することに合意できないばかりか、試してみないことには何がうまく機能しそうかもわからなかった。意見がある人はたくさんいたが、誰も実際にはどの選択肢をとると良いかはわからなかったのだ。病院改革でほんとうに必要だったのは、既存の決まった選択肢から選ぶことではなく、取り組みを進めながら新しい選択肢を具体化することだった。

第三の過ちは、ジョーンズ、マネジャー、コンサルタントがこの改革を果たすために行う必要があることをどう見ていたかにある。彼らにとって、変化のマネジメントとは他者（部下、納入業者、患者）に価値観、考え、行動を変えさせることだった。この上位の者が下位の者を変えるという根本的に階層制に根差した前提は、誰をも自己防衛に走らせてしまう。人は変化が嫌いなのではなく、変化させられるのが嫌いなのだ。こういった変容を可能にするには、関係者全員が学びと変化に対してオープンであることが求められる。

「唯一の正しい答えがある」

私が受けたトレーニングはすべて問題解決の専門家になるためのものだった。一九七九年、故郷モントリオールのマギル大学で物理学の学士課程の勉強を始めたとき、このいかにも頭がよい感じの分野にいることが誇らしかった。夜な夜な数理的な問題の解答を計算するのが楽しかった。試験前に教科書の全問題の正解を勉強しておいたから試験では満点がとれた。

一九八一年夏、核戦争などの大きな問題に関心を寄せる科学者の国際会議に出席した。私が書いた会議論文は、衛星ではなく飛行機を使って兵器削減条約の遵守を監視することを主張する、論理的だが世間知らずなものだった。指導教官の一人が「〝最善〟を〝善〟の敵にするな」という初めて耳にする言い回しを使って私の論文を批評した。正解は一つだけではないという考えに私は驚いた。

この会議で、私はエネルギー供給における環境問題に関する発表を聞き、そうした重要な社会問題を研究することに引きつけられた。そこで一九八二年、カリフォルニア大学バークレー校でエネルギーと環境経済学の修士課程の勉強を始めた。複雑な政策問題を合理的に評価できるよう学生を訓練するところだった。私の修士論文は、ブラジル政府の糖アルコールでガソリンを代用する計画は不経済であると立証するものだった。その後、私は米国、フランス、オーストリア、日本で連続して研究職に就いた。それぞれの場所で同じ種類の仕事を割り当てられた。それは複雑な問題に対して、最適な政策の対応を考え出すという課題だった。

一九八六年にバークレー校を卒業した後、私はサンフランシスコのパシフィック・ガス・アンド・エレクトリック社で経営企画コーディネーターとして雇われた。基本的に私の仕事は会社幹部が投げかけるビジネス上の問いに迅速、簡潔に答えを考え出すことだった。会社の執行委員会の戦略計画合宿に一度参加したことがあったが、同僚と私が用意した分析だけでなく、習慣や政略、駆け引きにも基づいて委員たちが意思決定するのを見て私はショックを受けた。

一九八八年、二七歳になった私はロイヤル・ダッチ・シェル社のグローバルプランニング部門に職を得た。当時、私は人からよく聡明だが横柄だと指摘されたものだが、それは受け入れられるトレードオフだと思っていた。一般的なシェル社員の評判も似たようなものだったから、入社したとき、自分にぴったりだと思った。

シェルのプランニング部門には、全社から、あるいは外部のシンクタンクから起用された頭のいい人たちがそろっていた。私たちの仕事は、ビジネスに新たなリスクと機会をもたらしうる世界の変化についてシェル幹部の注意を喚起することだった。具体的には起こりうる未来のシナリオを作成することだった。シナリオ作成にあたり、私たちは時勢を読み取り、世界各地の人と話をし、それから自分たちが注視していることと、それが意味することについて、何カ月もかけてスタッフ間で議論した。オフィスの窓から英国の国会議事堂が見下ろせた。国会議員さながらに、私たちは最善の答えを探して、妥協のない、筋の通った討論をしているような気がしたものだ。
シェルに勤める頃には、自分は複雑な問題の解決法を知っていると確信していた。それまで受けてきた専門的トレーニングのすべてから私が身につけたモデルは、三つの基本ステップから成っていた。第一に、頭の切れる者が問題と解決策を考え抜き、その解決策の実行計画を立てる。第二に、頭の切れる者が権限をもつ者にこの計画を認めさせる。第三に、権限をもつ者が下位の者に計画の実行を指図する。私にとってこれはすべて疑う余地のない妥当なことに思われた。後に、シェルで私の上司だったキース・ヴァン・デル・ハイデンは、従来の戦略立案はすべてこのモデルが基盤だと説明している。

分類すれば、それは思考と行動を別々に体系化する合理主義派ということになる。その根底にある暗黙の前提は、一つの最善の解決策があるということで、戦略立案者の仕事は、利用できる限られたリソースのなかで可能なかぎりそれに近づくことである。最適な打開策を決めたら、戦略実行は別の問題なのだ。[2]

従来型コラボレーションの限界

モン・フルーでの体験後、私はシェルを辞めて複雑な社会の課題をコラボレーションによって解決しようとする取り組みに携わることになった。私が一緒に仕事をしたほぼすべての人々（世界中の政府、企業、非営利組織の人々）が、私が身につけた従来型の合理主義的、直線的、階層的な三ステップモデルの何らかのバリエーションを暗黙のうちに採用していた。

私はこのモデルを個人的なコラボレーションで使ってみたが、うまくいかなかった。

コラボレーションを観察して気づいたことは、集結して複雑な課題に取り組む人々は、必ずと言ってよいほど、そうすることになっていたとしても、この三ステップはたどらないということだ。こうした人々は、新しい関係、洞察、コミットメント、イニシアチブ、能力といった形で、しばしば有益な結果を出すが、合意した計画を実行することによってその結果を出すことはめったにない。ある結果が出るときもあれば、別の結果が出るときもある。最終的に、もともとやろうとしていたことに近いことをする場合もあれば、がらりと変わってしまうこともある。ごく短期間しか一緒に活動できないこともあれば、結局は何年も協力が続くということもある。足並みをそろえて前進することもあれば、激しい論争をしながら前進することもある。現実には、何をするかは歩きながら見つけ出すのだ。

長い間、こうしたコラボレーションの予測不能性は、三ステップに従うことに関して参加者がもっと明確に意識しているか、統制されていれば、すなわち計画とコントロールを押し通せば、改善できると私は考えていた。しかし、この私がずっと普通だと考えてきたモデルは複雑で対立のある状況ではとうてい機能しないし、機能するはずもないとついに悟ることになる。

後になって知ったことだが、私が物理学の問題に取り組んでいたときのやり方を政策や戦略に関わる仕事に置き換えるときに、私はありがちな過ちを犯したのだ。一九七三年、ホルスト・リッテルとメルヴィン・ウェバーがこう書いている。

社会政策の問題に対峙するために科学的根拠を探しても、問題の性質上、間違いなく失敗する。社会政策の問題は「手なずけられない」問題であり、片や科学は「手なずけられる」問題を扱うために発達してきた。政策の問題は断定的に言い表すことができない。さらに、多元的な社会では、議論の余地がない公共の利益のようなものはない。平等についての客観的な定義もない。社会問題に対応する政策に正しいも間違っているもない。社会問題に対する「最適な解決策」について話しても意味がないのだ。もっと悪いことに、決定的で客観的な答えという意味では、そもそも「解決策」が存在しない。[3]

それまで使ってきた従来の問題解決モデルを疑いはじめると、自分が支援しようとしているコラボレーションにそのモデルがいかに向いていないかがわかるようになった。

コラボレーションの困難は、一つの正しい答えがあるという前提をもつことから始まる。正しい答えを知っていると確信していると、他者の答えを受け入れる余地がほとんどなくなってしまうので、協力するのがいっそう難しくなる。その鮮烈な実例を私は二〇一〇年に初めてタイに行ったとき経験した。主催者側がタイ社会全体を代表する三〇人のリーダーを集めて三日間立て続けにミーティングを開催したときのことだ。その数カ月前、親政府勢力と反政府勢力がバンコクで暴力的に衝突しており、連日のミーティングでは、何が、なぜ起きたか、誰に責任があるかをめぐり、根本的に異なる解釈を聞いた。この一連のちぐはぐな会話は混迷していると私は思った。しかし、よく考えてみると、私たちが聞いた解釈の各々には共通点があると気づいた。あれこれ解釈は違っても、一人残らず、「この状況の真実は……」と言ったのだ。

これが複雑で意見が割れる状況で、コラボレーションを試みるときの典型的な出発点だ。たいてい関係者のほとんどが今の状況の真実を知っていると確信している。こっちが正しく、あっちは間違っている。こっちは無実、あっちは有罪。あっちが聞く耳をもって、こっちに同意しないかぎり、状況は修正されない、という次第だ。パシフィック・ガス・アンド・エレクトリック社やタイの事例のような階層制度がある場合、このような確信は危険につながりかねない。「私は正しく、あなたは間違っている」という信念は、「私は上に立つにふさわしく、あなたは下で当然」に陥りやすい。こうして生成的《ジェネレーティブ》なコラボレーションではなく、退行的《ディジェネレーティブ》な強要がもたらされる。

人は、自分は何者かという認識を守るために自分が正しいという主張にしがみつく。二〇〇九年、コペンハーゲンで開催された気候変動の国際交渉に出席していたとき、私はベルリンの研究者、アニャ・ケーネと短い会話を交わした。彼女は「存在の条件としての優越感」

という矢のように私の胸を貫く表現を使って、ドイツの他国に対する交渉姿勢を批判した。この表現を聞いて、議論に勝つことや自分が正しいことに私が執着する理由の一つは、人より優位であることが自分のアイデンティティにとって欠かせないと私が見ていることだと気づいた。もし私が間違っているとなると、自己認識を保つのに不可欠な部分を失うだろうと、すなわち、ただ失敗するのではなく、失敗者になるだろうと私は恐れていた。成功を手にしてアイデンティティを保つことへの執着を手放すことができるまで、私は正しい答えを握りしめた手をゆるめることができなかった。

複雑で意見が割れる状況で協働する場合の典型的な出発点は、解決策は何か、それどころか問題が何かさえも、参加者の間に合意がないことなのだ。現状とその理由、そのために誰が何をする必要があるかについて参加者それぞれにそれぞれの真実がある。この状況のとらえ方として、たとえば、参加者を「群盲象を評す」の盲人だと考えることができる。この寓話では、ゾウの脚を触った盲人はゾウを柱のようだと言い、尻尾を触った盲人はゾウを綱のようだと言い、脇腹を触った盲人はゾウを壁のようだと言う。この隠喩が示唆するのは、コラボレーションの参加者それぞれに、みんなが身を置き、気にかけている状況について異なる見方があり、それぞれが自分の見方を明らかにすれば、みんなでより完全な全体像を描くことができるということだ。

しかし、状況の全体像について一つの合意モデルをつくることは往々にして可能ではない。

未来学者のドン・マイケルはこう指摘している。

今日の世界では、最先端の人々でもゾウの小さな一断片しか知らないのと大差ない。今やきわめてたくさんの多種多様な断片があり、それらが急速に変化し、すべての断片がきわめて密接に関連し合っている。もし断片を全部つなぎ合わせるテクノロジーがあったとしても、私たちはやはり全体を理解することはできないだろう。[4]

そうなると、単にさまざまな真実を組み合わせる以上のことをして、一つのより大きな真実をつくりあげる必要がある。

政治哲学者のアイザイア・バーリンは、この議論をさらに進め、一つの認識と価値観に合意し、それを実行しようとすることは達成不可能なばかりか危険だと述べている。

人間のあらゆる問題には何らかの解決策があり、人間が実現に必要なことを実施しさえすれば到達できる理想社会を構想しうるとあなたが本気で確信しているなら、あなたとその支持者は、そんな天国の門を開くためならどんな代償をもいとわないと考えているに違いない。

その確信を支える根本的な信念は、人間の生活、個人、社会の枢要な問題には一つの正しい答えがあり、それは発見しうるというものである。しかし、この考えは誤っている。それは、社会思想のさまざまな学派によって出される解決策が主張を異にし、どれ一つとして理にかなった方法で実証しえないということのみが理由ではない。もっと深い理由がある。数々の時代に数々の土地で、ほとんどの人間が生きるよすがとしてきた中心的価値観――すべてではないにしろ、ほぼ万人がもつ、こうした価値観は、必ずしも互いに調和しない。

そこで私たちは、比較衡量し、交渉し、妥協し、一形態としての生き方が競合によって押しつぶされないようにしなければならない。私は、これが理想主義的で熱狂的な若者が掲げて行進したがるような旗印ではないことを十二分に承知している。あまりに柔順、あまりに穏当、あまりにブルジョワ的に思われ、寛容な感情を引きつける主張ではないことも。しかし、これを否認し、人類にとって唯一無二の正しい理想であるといって一つの最重要な理想を追求すれば、必ずや強制に至る。そして次は破壊、流血に至る。[5]

多様な他者と協働するときは、一つの真実、答え、解決策への合意を要求できないし、要求してはならないのだ。そのかわり、そういう合意がないまま、あるいはそれを超えて、一緒に前進する方法を見つけることが必要になる。これは仕事の場だけでなく、家庭にも当てはまる。結婚について研究している心理学者、ジョン・ゴットマンが行った研究に関して、マイケル・

フルワイラーがこう述べている。

人間関係の対立の六九％は解消しえない問題にまつわることである。どの夫婦もそういう問題を抱えている。こうした問題は、人が二人いれば直面する根本的な差異に起因する。（1）繰り返し対立を生み出す性格の根本的な差異か、（2）ライフスタイルのニーズの根本的な差異のどちらかだ。私たちの研究では、重要なのは、解消しえない問題を解決することではなく、夫婦がその問題をめぐる対話を成立させられるかどうかであろうという結論に至った。夫婦がそういう対話を成立させられないなら、対立は膠着し、膠着した対立が最後には相手への無関心となる。[6]

結論として、私がキャリアの初期に身につけたコラボレーションに対する従来型のアプローチは、限定的にしか通用しない。それがうまくいくのは、単純なコントロールされた状況、全員が合意または同調しており、関係者の行動が意図したとおりの結果を出す場合に限られる。ほとんどの社会制度――家族、組織、コミュニティ、国――では、複雑性が増し、コントロールはできなくなっているから、そういう限られた状況はめったに生じない。

つまり従来型コラボレーションは時代遅れになってきているのだ。

対処している状況は単純でコントロール可能だ、よって従来型コラボレーションが当てはまると誤って仮定すると、厄介なことになる。慣れていて、安心感があるから、うまくいくと知っているからという理由で、従来型コラボレーションを採用してしまうような場合だ。しかし、それではうまくいかない。むしろ敵化が増大し、状況をさらに手に負えなくしてしまう。こうなると本能的に神経がぴりぴりしてきて、リスク覚悟で従来型コラボレーションにさらに賭けることになる。「厄介なことになるのは知らないからじゃない。本当は知らないのに、知っていると思い込んでいるからだ」。まさにこの名言のとおりだ。

　従来型コラボレーションは単純でコントロールされた状況でしか機能しない。それ以外の状況では、「ストレッチ」する必要があるのだ。

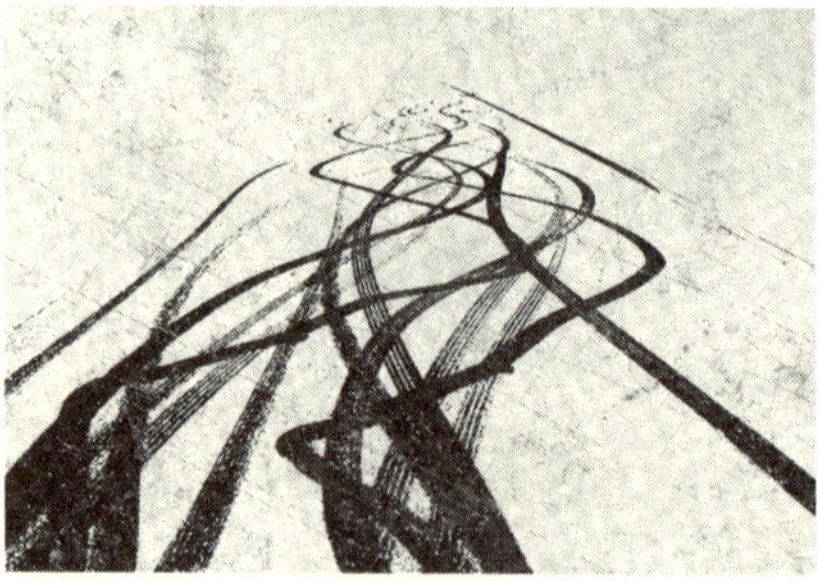

out of control

コントロール不能

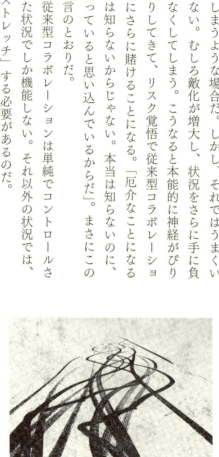

第4章

いま求められるストレッチ・コラボレーション

Unconventional, Stretch Collaboration is Becoming Essential

長い間岸を見失うことを承知のうえでなければ新しい土地を発見することはできない。

——アンドレ・ジッド[1]

ほとんどの人にとって、**ストレッチ・コラボレーション**はなじみがなく、違和感があるものだ。

ストレッチは柔軟性をもたらすが、快適ではない

ジョンとメアリーは、また住宅ローンの支払いを滞納した息子のボブの件に対処している。ただし、今回は従来型コラボレーションではなく、ストレッチ・コラボレーションを採用しようとしている。

三人は愛情ある家族のつながりを感じているが、それぞれ異なる経験とものの見方とニーズがあって、この状況に向き合っていることも認めている。三人はこの違いについて率直に熱く話し合う。ジョンは息子の問題に直面して怒りと無力さを感じていると話す。メアリーは孫たちを思って、また夫婦の安楽な老後の計画が危うくなることを心配していると話す。ボブは全エネルギーをうまくいっていない小さな事業に注いでおり、家族には批判するばかりでなく、支えてもらいたいと話す。この言い争いは気持ちを動揺させるが、同時にほっとするような

ものでもある。まだわだかまりがあったが、三人とも前より理解が深まったと感じている。

三人は、自分たちのほんとうの問題は何か、あるいは解決策は何かという点に意見の一致がないことをよくわかっている——今後も一致することはないかもしれないし、実際には解決策などわからないかもしれないことも。しかし、役に立つのではないかと考えている穏当な新しい行動をいくつか試みる気でいる。ジョンはボブの会社が銀行から受ける融資の保証人になる。メアリーはボブの妻、ジェーンの職探しを手伝う。二組の夫婦で一緒に今の状況について話し合う。ボブとジョンが毎週土曜日に孫たちを交えて一緒に過ごす。みんなの問題が急に楽になるわけではないが、率直になった分だけ新しい可能性が見えて、それらを試すことができる。ボブとジェーンの財政状態は改善しはじめる。

四人はほかの人の行動を変えようとするのもやめる——それは、どんな場合でも、うまくいった試しがない。そのかわり、それぞれ自分自身が行動を変えられないか考える。ジョンは財政以外のことに関してボブを理解しようと努める。メアリーはジョンに対してもっと強く出る。ボブは小企業アドバイザーに相談する。ジェーンは家計を自分が管理する。

この変化はどれも、互いに対して、状況に対して感じる怒りとフラストレーションを減らす助けになる。四人にかかる財政的プレッシャーや感情的プレッシャーはなくなったわけではないし、やはり四人を苦しませることがあるかもしれない。しかし、今や四人はこのプレッシャーについてよく考えて、家族として対処できている。

全員が従来型コラボレーションからストレッチ・コラボレーションへの変化は難しいと思っている。ストレッチすることに違和感があるのだ。対立や偽りのない関係をオープンに受け入れること、うまくいかないかもしれない不慣れな新しい行動をやってみること、現状に対する自分の役割と責任を引き受けること。こういったストレッチのための行動はどれもすんなり楽にできるわけではない。しかし、この今までとは違うアプローチのほうがうまくいきそうだという期待を寄せている。

内戦を終結させるには

強制、適応、離脱で問題を処理できないなら、コラボレーションを採用する必要がある。しかも、問題が複雑で異論の多いときには、従来のアプローチによるコラボレーションはうまくいかず、非従来型アプローチを採用する必要がある。

一九九一年の南アフリカでの経験のなかで、私はそんな非従来型アプローチをおぼろげながら垣間見た。しかし、この新しいアプローチがどう機能するのか、私がトレーニングを受けてきた従来型アプローチとはどう違うのか、はっきり理解できたのは、後にコロンビアに行ってからだった。

コロンビアは、一九六〇年代以降、軍部、警察、二つの左翼ゲリラ軍、右翼民兵自警団、麻薬密売人、犯罪組織の間の武力衝突が繰り返され、世界で最も暴力が蔓延する国だった。この対立でおびただしい数の市民が殺され、何百万人もが故国からの避難を余儀なくされた。

一九九六年、ファン・マヌエル・サントスという若手政治家が南アフリカを訪問し、ネルソン・マンデラに会った。マンデラからモン・フルーのプロジェクトの話を聞いたサントスは、同様のコラボレーションをすることでコロンビア国民が対立から脱する道が見つかるかもしれないと考えた。そして、この可能性を討議するためにボゴタで会合を開催し、私に参加を要請した。

この会合には軍高官、政治家、大学教授、会社社長が参加した。コロンビア革命軍（FARC）の幹部数名も山中のアジトから無線で参加した。参加者は、これほど異質な人間の集まりのなかに自分がいることに高揚もし、緊張もしていた。ある共産主義政党の市会議員が、部屋の反対側にいた民兵の指揮官を見つけ出して、サントスにこう聞いた。「私がこの男と一緒に座ると本気で思っているのか？　私を五回も殺そうとした男だぞ」。サントスはこう答えた。「だからこそ、六回目が起こらないようにお座りください」[2]

この会合から、「デスティノ・コロンビア」というコラボレーション・プロジェクトが始まった。[3] 主催委員会は四二人のチームを招集した。軍高官とゲリラと民兵、活動家と政治家、実業家と労働組合員、地主と小作農、学者にジャーナリストに若者というこの国の対立の縮図のような面々だった。

このチームは、メデジン郊外にある質素なホテルで四カ月間に三回、合計一〇日間顔を合わせた。非合法の武装左翼ゲリラ組織、FARC（コロンビア革命軍）とFARCと比べると小規模なゲリラ組織、ELN（民族解放軍）の両方が参加した。政府は両組織にワークショップまでの安全な通行を保証すると申し出たが、ゲリラたちはこれをリスクが大きすぎると考えた。そこで私たちは、彼らがチームのミーティングに電話で参加できるように準備した。三人の男が重警備刑務所の政治犯棟から、一人の男が亡命中のコスタリカから電話を入れてきた。

チームのほとんどのメンバーが、ゲリラと話すのは初めてだったから、何を話すかによっては報復されるのではないかとおびえていた。会議室の二台のスピーカーホンを使ってやりとりしたのだが、スピーカーホンのそばを通るときも、近づきすぎるのを嫌って、電話機と十分な距離をとった。私がこの不安を話すと、ゲリラの一人がチームの小宇宙《ミクロコスモス》は大宇宙《マクロコスモス》を反映していると見て、こう述べた。「カヘンさん、その部屋の人たちがおびえていることになぜ驚くんですか？　国中がおびえているんですよ」。そして、ミーティングで何を話そうがゲリラは誰も殺しはしないと彼は約束した。

ハイメ・カイセドは極左のコロンビア共産党の書記長であり、イバン・ドゥケは極右の民兵組織であるコロンビア自警軍連合（AUC）の指揮官だった。ある晩、カイセドとドゥケは遅くまで酒を飲みながら、話をしたり、退役陸軍大将のファアン・サルセドとギターを弾いたりしていた。翌朝、開始予定時刻になってもカイセドが会議室に現れなかったので、私はグループに彼の居場所をたずねた。彼の身に何が起きたかについてジョークが飛び出した。ある人が「サルセド大将が彼に歌わせていましたよ」と言い、ドゥケが脅すような口調で「彼を最後に見たのは私だ」と言った。私はカイセドが殺害されたのではないかと不安になったが、数分後に彼が部屋に入ってきて安堵した。（何年も後になるが、この話の意義深い後日談を聞いた。ドゥケは、ボスでAUCの悪名高い最高司令官のカルロス・カスターニョに会うためにジャングルに入っていった。カスターニョは興奮してドゥケに話した。AUCの隊員たちが最大の敵であるカイセドの所在を発見し、彼を暗殺しに向かっているという。ドゥケは、カイセドの命乞いをして、あのシナリオ・ワークショップで一緒に過ごした夜のことをカスターニョに話し、こう言った。「彼を殺してはいけません。私たちは一緒にデスティノ・コロンビアのチームにいたのですから」。さんざん議論した末、カスターニョは暗殺を中止した。この話は、デスティノ・コロンビアのようなコラボレーションが、変容を起こす可能性を体現していると私は解釈した。この生きるか死ぬかの問題でカスターニョに反抗する気を起こさせたのだ。ドゥケは、カイセドとの関係の認識、自分自身が何を支持し、何をすべきかという認識を変えたに違いない。）

活動が進むにつれて、チームメンバーはびくびくしなくなり、ざっくばらんに話すようになっていった。実業家のセサル・デ・ハートがこう発言したことがある。ゲリラとの争いを身をもって体験したから、ゲリラはまったく信用していないし、ゲリラに対する軍事行動を強めなければ、この国が平和になる見込みは薄いと確信していると。勇気のいる発言だった。ゲリラばかりか、平和的な解決が可能だと期待して信じている残りのメンバーに単刀直入に異議を唱えるものだったから。彼は進んで正直になり、対決姿勢をとったのだ。その頃までにはそんな発言を聞いても決裂しないくらいチームの関係が強くなっていた。それだけでなく、デ・ハートが自分の考えていること、感じていることをずばり話したとき、それまで部屋を覆っていた考えや感情のもつれの霧が晴れ、この不信とそれが暗示する対立激化の可能性をメンバー全員ではっきり見ることができた。

第三回ワークショップの終わりまでに、チームは四つのシナリオに合意した。第一のシナリオ「日が昇れば見えるさ」は、コロンビア国民が事態をなすがままに任せ、解決困難な課題への対処に失敗した場合に生まれる混乱への警告だった（このシナリオは、タイの事例の枠組みで言えば、適応の実例）。第二のシナリオ「手中の一羽の鳥は、やぶの中の二羽の値打ちがある」は、政府とゲリラが交渉を経て妥協するストーリーだった（従来型コラボレーション）。第三のシナリオ「前進！」は、デ・ハートの発言に予兆があったように政府がゲリラを軍事的に鎮圧し、国の平和を実現するストーリーだった（強制）。第四のシナリオ「結束のなかに強さあり」は、国のメンタリティが相互尊重と協力を志向するようになるボトムアップの変容ストーリーだった（ストレッチ・コラボレーション）。どの対立打開策が最も現実味があるか、あるいは最善かについてチームは合意に至らなかったから、選択しうる可能性として四つのストーリーをそのまま新聞記事やテレビ放映、国中で開催された大小の集会で同胞に提示した。

デスティノ・コロンビアの後、コロンビア人の仲間たちがフォローアップのためのマルチステークホルダー・プロセスを何回か開催し、私がファシリテーターを務めた。あるミーティングのグループ別ワークにおいて、ある難しい問題について、一人の政治家がいくつかの基本原則に合意することを要求し、苦労しているグループがあった。私はその時点でそんな合意に達するのは無理だと判断し、合意なしで続行するように強く促し、グループはそれに従った。驚いたことに、当初は合意できそうになかったにもかかわらず、そのグループはミーティングが終わる頃にはいくつかの取り組みで協力することに合意していた。

翌日、この不可解な一件を元ボゴタ市長、アンタナス・モックスに話した。「多くの場合、私たちは原則について合意する必要はありません。話し合う必要さえないくらいです」と彼は言った。「最もしっかりした合意は、さまざまな関係者がさまざまな理由で支持する合意です」。意見が大きく食い違う人々がそれでも一緒に重要な物事を成し遂げることはできると今や私も理解した。つまり、複雑な問題の進展を阻む障壁はほとんどの人が思っているほど高くない。解決策が何か、それどころか問題が何かでさえ、合意する必要はないのだ。

その後二〇年以上、このときのシナリオとそれを生み出した異例のプロセスが、コロンビア国民の会話のなかで自分たちは何ができて、何をすべきかという判断基準になりつづけているのを知って私は喜んだ。この歳月の間は、時期を異にして四つのシナリオのいずれかがコロンビアの現状説明になっているような展開となった。四つのストーリーはコロンビア国民が自分たちの状況を理解する助けになりつづけたのだ。二〇一〇年、サントスはコロンビア大統領に選出され、自分の政権の計画を「結束のなかに強さあり」の体現と位置づけた。

二〇一六年、サントスはついにＦＡＲＣとの和平合意とＥＬＮとの和平交渉開始に成功し、この功績が認められてノーベル平和賞を授与された。受賞の日、サントスの公式ウェブサイトに、二〇年前に彼が私と一緒に開催した初会合を「コロンビアの平和の追求において最も意義深い出来事の一つ」とするコメントが投稿された。[4]

この仲裁の歳月には紛争解決のために多数の大規模な取り組みがさまざまに行われていたゆえに、サントスがデスティノ・コロンビアにそれほどの意義を見出していたことに私は驚いた。私は、精神科医でサントスの友人であるアルベルト・ファーガソンにこのことをたずねてみた。ファーガソンの説明によれば、サントスにとってデスティノ・コロンビアでの重要な学びは、相反する立場の人々が協力する方法を見つけることは可能であるという一般常識とは逆の結論を得たことだという。そして、その学びはそれ以来ずっと彼の政治活動を鼓舞することになったのだ。

デスティノ・コロンビアというプロジェクトは、五二年に及ぶ内戦の終結に貢献する形でコロンビア国民の協力を促した。このプロジェクトは、三つの意味でストレッチ・コラボレーションの実例と言える。

第一に、デスティノ・コロンビアのチームメンバーは、コロンビアに利するためのコラボレーションだという大義名分は掲げていたものの、単に一つに絞った問題を解決しようとか、一つの上位の善を最大限に高めようとはしていなかった。メンバーは紛争のさなかにあって、解決策は何かについて、いや、問題が何かについてさえ、合意に至らなかった。メンバーが合意したのは、自分たちが直面している状況が〝問題の複合する状況《プロブレマティック》〟だということだけだった。しかも、さまざまな点に関して、さまざまな理由で〝問題の複合する状況〟と見ていたのだ。チームはともに活動することを楽しみ、相互に何らかの責務を感じていたとはいえ、単純なチームでも、それぞれにとって唯一のチームというわけでもなかった。メンバー全員がチームに対してよりも強い関係と責務を所属する組織やコミュニティに対してもっていた（ドゥケがカイセドを救おうとしたのは、逆にこの原則を証明する例外であった）。このように統一性がなかったからこそ、議論は紛糾したとともに、豊かで価値あるコラボレーションをなしえた。つまり、一つの焦点や目標をもたずにチームはコラボレーションを実現したのだ。

第二に、チームはコロンビアで何をすべきかという計画には合意しなかった。合意したのは、何が起こりうるかに関して四つのシナリオがあるということ、第一の現状維持のシナリオは望まないということだけだった。それを除けば、チームが（またシナリオを利用した人々が）行ったことはすべて、その後の長い期間をかけて歩みながら考えた。つまり、一つのビジョンやロードマップをもたずにチームはコラボレーションを実現した。

第三に、それぞれのチームメンバーは何が起こるべきかについては確固たる見解をもって

問題の複合する状況に対する五つの対処法

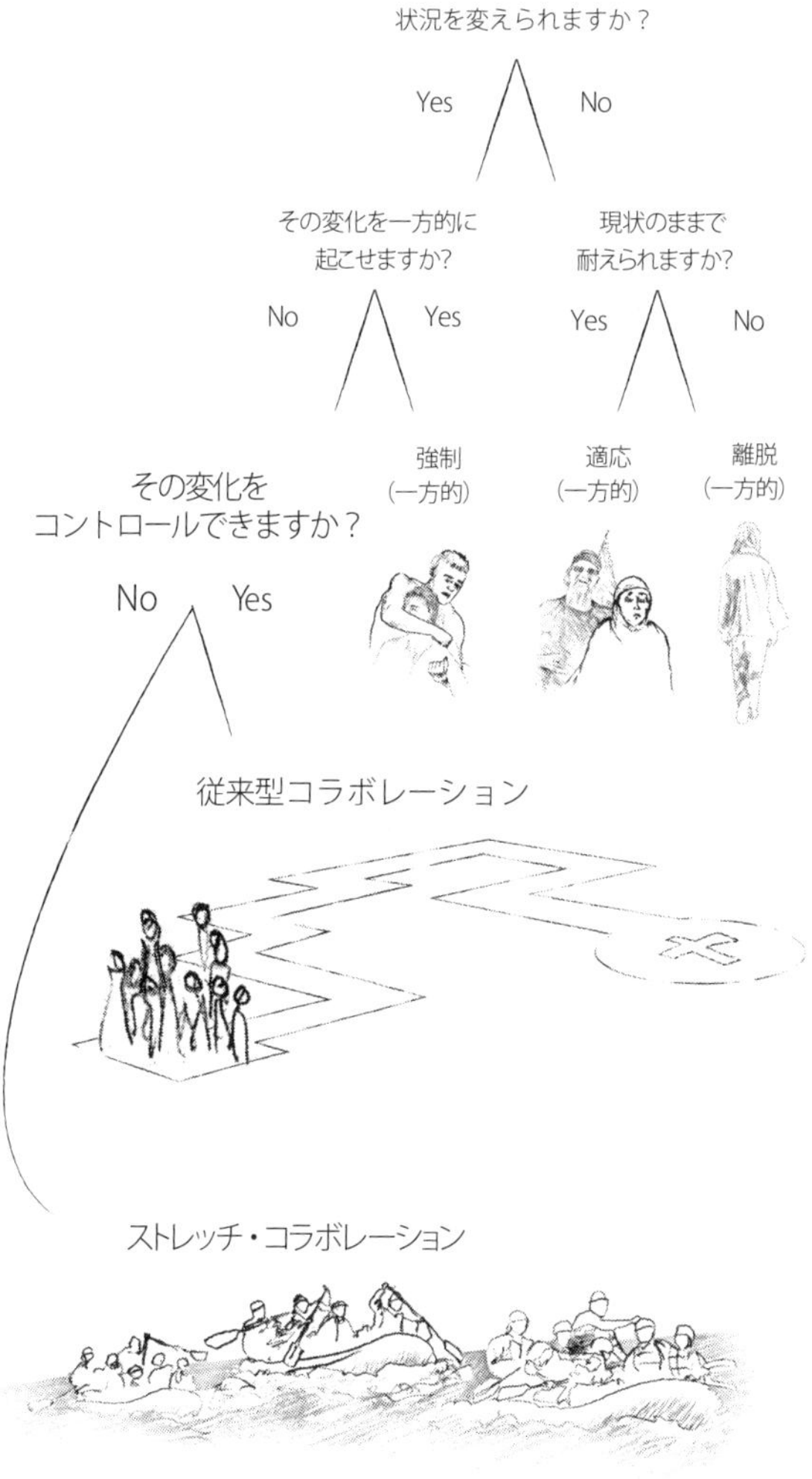

いたが、他者に同調を強いることはできなかった。ここでもまた、大宇宙が小宇宙に反映されていた。内戦が長期化していたのは、どの党派もその意志を他派に強要できないからだった。つまり、他者の行動を変えられないままチームはコラボレーションを実現した。

ストレッチ・コラボレーションはコントロールという幻想を捨て去る

デスティノ・コロンビアは、コラボレーションについての従来の認識が通用しないことを浮き彫りにしている。ストレッチ・コラボレーションの場合、三つの要素でストレッチすることが求められる。どの要素においても、ストレッチ・コラボレーションは従来型コラボレーションを包含し、またそれを超えるものになる（27ページの表を参照）。

端的に言えば、従来型コラボレーションは、焦点、目標、計画をコントロールして、その目標に到達することができる、その計画を実行するために各自が行わなければならないこと（チームがロードマップに従うなど）もコントロールできるということを前提にしている。対照的にストレッチ・コラボレーションは、コントロールせずに前進する方法だ（複数のチームが川をラフティングするように）。

ストレッチの第一の要素は、**協働する相手との関わり方**、つまりチームに関してである。従来型コラボレーションでは、チームの調和を達成すること、およびチーム全体としての利益と目的に焦点を定め、それがぶれないように人々をコントロールし、制限していく。しかし、複雑でコントロールされていない状況では、焦点を維持することは不可能だ。なぜなら、チームメンバーの考え方、所属関係、利害が著しく異なり、それに基づいてメンバーが自由に行動するからだ。だから、ストレッチしてチーム内外に存在する対立とつながりに関する先入観を捨て、受け入れ、対処しなければならない。

第二の要素は、**チームでの取り組みの進め方**である。従来型コラボレーションでは、解決しようとしている問題、その問題に対する最善の解決策、その解決策を実行するための計画、その計画の取り決めどおりの実行に関して明確な合意に達することを重視する。しかし、複雑でコントロールされていない状況では、そんな確定的な合意や予測どおりの実行を達成することは不可能だ。なぜなら、チームメンバーは互いに賛同できない、信頼できない関係であり、またチームの行動の結果は予測不能だからだ。だから、何がうまくいき、何が自分たちを前に進ませてくれるのか、一歩ずつ発見するためには、ストレッチして多くの考え方や可能性を実験、つまり、実際に試してみなければならない。

第三の要素は、**対処しようとしている状況に自分自身がどう関与するか、つまりどんな役割を果たすか**である。従来型コラボレーションでは、計画を完全に実行できるように、いかに人に行動を変えさせるかを重視する。それはつまり暗黙のうちに、他者に行動を変えさせ、自分自身は状況の外か上に置いているということだ。しかし、複雑でコントロールされていない状況では、これはまったく不可能だ。誰にも何もさせることなどできはしない。だから、ストレッチして状況にしっかり足を踏み入れ、自分自身が行動を変えることへの抵抗を捨てなければならない。

複雑な状況でうまく協働できるようにするには、この三要素すべてにおいてストレッチが欠かせない。こうしたストレッチはなじみがなく、違和感があるものだ。次章からの三章では、このストレッチをする方法について述べる。

第5章

対立とつながりを受容する

——第一のストレッチ

The First Stretch Is to Embrace Conflict and Connection

高いところから見れば、まとめて一つに見えるかもしれないが、
俺たちの住むここに降りてくれば、実は二つに分かれているんだ。

——レナード・コーエン[1]

従来型コラボレーションは、チーム全体にとって最善のことを達成するためにチームメンバーと調和して取り組むことに重きを置く。戦うよりも話し合う。コントロールされた単純な状況なら、すなわち全員の考え方や利害が一致しているか、一致させることができるなら、このアプローチはうまくいく。しかし、考え方や利害が衝突する複雑でコントロールされていない状況では、メンバーの**対立とつながり**のどちらも探求し、どちらにも対処しなければならない。戦いも話し合いも必要なのだ。

対話（ダイアログ）では十分ではない

コラボレーションにおける私の最も深遠な体験は、最も混乱した疑問を提起したものでもある。一九九八年から二〇〇〇年にかけて、私はグアテマラの「ビジョン・グアテマラ」プロジェクトのファシリテーターを務めた。大量虐殺を招いた三六年に及ぶグアテマラ内戦を終結させた和平協定の履行を促すためのプロジェクトで、閣僚、軍やゲリラの元指揮官、実業家、先住民、ジャーナリスト、若者など、この残忍な紛争に何らかの関係があったさまざまな党派のリーダーが集められた。このプロジェクトで生じた認識や関係やコミットメントから、グアテマラのずたずたになった社会構造《ソーシャルファブリック》を修復する多数の重要な行動が起こった。国連のグアテマラ駐在員、ラーズ・フランクリンの言葉を借りれば、このプロジェクトはたくさんの種をまき、育てた。たとえば、四回の大統領選挙運動、歴史解明委員会や財政協定委員会や和平協定監視委員会への貢献、地方自治体開発戦略や全国貧困撲滅戦略や新しい大学教育カリキュラムへの取り組み、派生的に生まれた六つの国民対話などである。[2]

このチームの活動に決定的な出来事が起きたのは、初めてのワークショップの最後の朝だった。チームは車座になり、それぞれの内戦中の体験を語り合っていた。カトリック教会の人権担当者、ロナルド・オチャエタが、ある先住民の村に行き、内戦中に相次いだ大虐殺の一つの犠牲者を葬った共同墓所の発掘調査を目撃したときのことを話した。土をどかすと、たくさんの小さな骨が現れたので、虐殺のときに骨が砕かれたのかとオチャエタは法医学者に質問した。すると、いや、この墓には妊婦も埋葬されており、小さな骨は胎児のものだという答えが返ってきた。

オチャエタが話を終えたとき、一同は完全に沈黙していた。私はこのような沈黙は経験したことがなく、呆然として言葉を失った。沈黙は五分くらい続いただろうか。そして沈黙は終わり、一同は体験談の共有を再開した。

このエピソードは、チームにも私にも深い衝撃を与えた。五年後、プロジェクトの記録をまとめるためにチームメンバーがインタビューを受けたとき、あの数分間の沈黙で本質的な問題を悟り、チームのつながりを感じたおかげで、それ以降一緒に重要な仕事をこなすことができたと話す人が何人もいた。ある人はこう語っている。「オチャエタの話を聞いた後、あの内戦の全貌を心から理解し、感じました。そして私たちは二度とこんなことが起きないように闘わなければならないという気持ちになりました」。こう語った人もいた。「証言しているときのオチャエタは誠実で、静かで、穏やかでした。その声には少しの憎しみもなかった。だから一瞬しんとなったのです。そうだな、少なくとも一分は続いたかな。恐ろしかった！　誰にとっても大きく心を揺さぶられる体験でした。誰に聞いても、この瞬間は大きな宗教儀式のようだったと言うでしょう」[3]。グアテマラのようなカトリックの国では、チームが宗教儀式のようになった瞬間はチームが一体になった瞬間ということだ。

ビジョン・グアテマラの五分間の沈黙の話は、私の初めての著書『手ごわい問題は、対話で解決する』（ヒューマンバリュー）の最後を飾る章となった。それは、人と人とを結びつけることと、このように社会全体をあらわにし、修復することによって結びつけることがコラボレーションの鍵であるという私の認識（モン・フルーに端を発する）の縮図のようなものだった。ビジョン・グアテマラやほかのプロジェクトで私が経験したこういうつながりは、他者と、自己より大きな何かと調和して関わりたいという私の願いも満たすものだった。

二〇〇八年、ビジョン・グアテマラ一〇周年記念のために私はグアテマラを再訪した。仲間との再会に心が弾んだが、最近のグアテマラ情勢が気がかりでもあった。深まる経済危機、組織犯罪と軍部の分子による深刻な治安悪化。ビジョン・グアテマラのチームメイトであり、今は大統領になったアルバロ・コロン率いる新政府に対しての失望感が広がっていることも耳にしていた。私が熱を入れて本に書いた、チームが一丸となってやった仕事について、メンバーたちがどう見ているのか興味があった。

私は友人の一人、急進派の研究者で活動家のクララ・アレナスと昼食をともにした。彼女は私が対話に深い意義を見出していたのを知っていたので、辛辣な口調でこういう話をした。彼女と同志たちは、グアテマラで行われている対話はたくさんあるがろくな成果が出ていないことに近年不満を募らせ、自分たちはもう対話プロセスには参加しないと新聞に全面広告を出したという。この行動に出たのは、対話に参加している組織が対話期間中はストライキやデモ行進など大衆抵抗運動を思いとどまるだろうと、政府が見込んでいるからだった。アレナスたちは、大衆の動員をやめる、つまり、目的達成のための主要手段の一つを放棄する気はなかった。さらに、大衆を動員して自分たちの見方や立場を主張できないなら、対話に参加して政府と関わる気もなかった。私はアレナスの話に感心したし、彼女が何か重要なことを話しているのはわかった。しかし、それは当時の私のコラボレーション観にはどうもしっくりこなかったため、すっきりしないまま心にひっかかっていた。

五年後、このわだかまりが解消される三つの経験をした。

二〇一三年一〇月、バンクーバーにあるデヴィッド・スズキの財団の理事会で本人と激論を交わしたことがあった。スズキは、カナダの遺伝学者で四〇年以上もラジオとテレビの人気科学番組のホストを務めている。忌憚なく意見を言う環境運動家であり、カナダで最も尊敬される有名人の一人でもある。当時、スズキは、カナダの気候変動に対する姿勢、特にオイルサンド（油砂）プロジェクトから排出される高濃度の二酸化炭素の扱いをめぐって環境運動家、化石燃料会社、連邦政府、この三者間の重大な戦いの渦中にあった。

理事会の前に私はスズキのスピーチの一つを読んでいた。それは、オイルサンド会社コンソーシアムのCEOが「一定の基本的な事項に同意」しないかぎり、同CEOとは交渉しないと主張するものだった。基本的な事項とは、たとえば、「人間は動物であり、動物として最も基本的な要求は、何よりもまず、きれいな空気、きれいな水、きれいな土、きれいなエネルギー、そして生物多様性である」[4]というものだった。自分の信ずる原則が前もって合意される場合のみ対話するというスズキの主張を理不尽で非生産的だと思った私は、理事会で彼に異議を唱えた。スズキの立場は、これほど基本的な事項に合意が得られないならば、交渉には関わらないほうがよいと思っているし、それよりも自分の信ずる原則を支持する世論や政見を味方につけることにエネルギーを注ぐつもりだというものだった。

この短いやりとりに私ははっとした。違う状況で違う人々から同様の言い分を何度となく聞かされてきたからだった。自分の主張している原則は正しい、いかなるコラボレーションをするにしても出発点として受け入れてもらう必要があるという言い分を。そんな原則の不一致を理由にしていたらコラボレーションはめったに生まれないし、合意は——前もってではなく——関わってみて、協働してみて初めて到達できるものだということを根拠に、こうした言い分を私はいつも自信をもって一蹴していた。しかし、スズキの挑発的な姿勢は気になった。彼が主張している原則は正しいと思えたし、彼を大いに尊敬していたので、そう簡単には彼の言い分を退けられなかった。

ようやく理解したのは、**関わる**ことと**主張する**ことは、複雑な問題を進展させるための手段として対立するものではなく、補完し合うもの、どちらも正当で必要なものだということだった。討論、運動、競争、ライバル関係、デモ行進、ボイコット、訴訟、暴力的衝突など、さまざまな種類の主張はシステムの変化のあらゆるストーリーの一部である。主張と主張の応酬は必然的に不和と対立を生み出す。とはいえ、おそらく一部の人や組織が主張することはあっても、それ以外の人や組織は関わるという行動をとるだろうと私は思った。変化を起こす活動における「室外」の役割と「室内」の役割という表現を活動家が口にするのを以前聞いたことがあった。この相補性の意味するところが、誰かが主張することを重視することはあるにせよ、私はこのまま自分にしっくりくる関わることを重視してかまわない、ということであってほしいと願った。

二〇一三年一二月初旬、私は南アフリカに帰国し、数日後にネルソン・マンデラが死去した。

何週間も、地元紙や国際紙は追悼記事やマンデラの人生と遺業を振り返る記事で埋め尽くされた。私も自分の知っているマンデラの生涯を振り返った。私の人生はマンデラの人生と絡み合うようになっていた。二〇一三年には、南アフリカ国民の社会的・政治的関係は以前より険悪になって寛大さが失われており、マンデラが導いた一九九四年の奇跡的な体制移行の成功を再評価している人が多かった。

スズキとの意見交換の直後にマンデラの訃報に接したときにやっと気づいた。対抗勢力と関わり、対話することによって目的を達成するというマンデラの行動に注目するあまり、同じ目的を達成するためにマンデラは主張し、闘っていたという面を私は軽視してきたと。投獄される前、マンデラはアパルトヘイト政権に反対する非合法のデモ行進をはじめ抵抗運動を主導し、地下に潜伏して密かに出国し、アフリカ民族会議（ANC）の武装ゲリラ組織の最初の司令官を務めた（二〇〇七年になるまで、ANC指導者はテロリスト組織の一員だったという理由で米国入国ビザの発給を拒否されていた）。釈放後のマンデラは、一九九四年の全人種選挙に先行する交渉中も、その後の大統領任期中も、自分の主張を前進させるために対抗勢力に強く迫ることがたびたびあった。

マンデラのリーダーシップの全体像が以前よりも明確に見えてくると、マンデラはいつ、どのように関わり、いつ、どのように主張するかを心得ていたことがわかった。南アフリカの異例の体制移行は、マンデラに代表される人々が関わることも主張することも両方利用することによって成し遂げられた。自身の仕事のことを考えてみると、私は自分が実際に居合わせた場の全体像の一部にしか焦点を合わせていなかったことに気づいた。私が仕事の相手と出会う場はたいてい互いに対話ができるようにするためのワークショップなのだが、参加者のほとんどは時間の大半をワークショップの外で互いに争いながら過ごす。ところが、この争いこそがワークショップの対話をとても特別で有益なものにするのだった。それならば、私の望みどおり、関わることと主張すること、それぞれの役割は果たしてほんとうに切り離しておけるのだろうか。今度はそれが気にかかった。

そして二〇一四年五月のタイ。暴力的な「We Force（強制する）」の対決が数カ月続いた後、軍部がクーデターを起こした。タイの仲間の一部は、この民主主義に反する行動に憤っていた。ほかの仲間は、暴力的な対立の悪化が止んだことにほっとし、厳格な軍事政権が「We Collaborate（協働する）」シナリオを秩序ある、平和的な形で構築するための新しいルールを定めてくれるのではないかと期待していた。

私は自分がどちらの立場に賛成なのかわからなかった。私が理解していたのは軍事政権の限界と危険性だった。もう一つ理解できたのは、軍事暫定政権が、秩序ある、平和的なコラボレーションを強いようとする衝動をもっているということだった。それは軍部が自分たちとは異なる関わりを可能にする主張を抑圧するということだ。

この極端な出来事によって、探していたパズルの最後のピースが見つかった。私は自分の

社会システムのホロン的な構造

気づきに驚いていた。クーデターはモン・フルー以来、私が傾注していたコラボレーションの在り方の論理的な結末だったのだ。調和のとれた関わりは受け入れるが、調和しない主張は拒否する。これを続ければ最後には自分たちが問題解決に取り組んでいる社会システムを窒息させることになる。何年も前にグアテマラでアレナスが私に言おうとしていたのはこのことなのだ。ストレッチ・コラボレーションでは、主張することなしに関わるだけということはできない。その両方を行う方法を見つけなければならないのだ。

全体は一つではない

関わるためにも、主張するためにも避けられないことに関して一つ重要なことを言っておくと、「全体の利益」を優先させることは――その全体がチームであれ、組織であれ、コミュニティであれ――良識的でもなければ、合理的でもない。

あらゆる社会システムは多数の全体から成り立ち、その全体はより大きな全体の一部でもある。作家のアーサー・ケストラーの造語「ホロン」は、全体であると同時に一部でもあるものを意味する。[5] たとえば、人は当人自身で全体であり、チームの一部でもある。チームはそれ自体で全体であり、組織の一部でもある。組織もそれ自体で全体であり、セクターの一部でもある、などなど。それぞれの全体はそれぞれのニーズ、利害、抱負をもっている。各全体が複数のより大きな全体に属すこともある。

したがって、「全体」なるものは存在しない。だから、「全体の利益」の達成に焦点を絞ろうという主張は、言葉巧みな操作とは言わないまでも、誤解を招く言い方だ。正確に言えば「私にとって最も重要な全体の利益」となる。たとえば、「チームの利益」を優先していると言うなら、チームの個々のメンバー（より小さい全体）と組織（より大きな全体）の利益は優先度を下げて扱うと暗に言っているようなものだ。したがって、ストレッチ・コラボレーションでは、単一の全体の利益にだけ注目するのではなく、むしろ多数の入れ子状になって重複しているホロンの利益と、そうなっているがために必然的に現れる豊かさと対立に注目する。

コラボレーション・チームのファシリテーターとして、私はこの過ちを犯してきた。チーム全体の目的に重きを置き、そのために個人や組織の目的は持ち込まないでくれと暗黙のうちに参加者に求めてきたのだ。そうすることで、ある事実を都合よく無視してもいた。より大きい全体（チーム）とより小さい全体（個人）の利害が一致するのは私と、おそらくチームリーダーだけ、チーム全体の利害を支持するとき、同時に自分自身の利害も支持することになるのは私たちだけという事実を。

二〇一三年、モントリオールを出てから三〇年になろうというとき、レオス・パートナーズのカナダ事務所開設のために私は妻のドロシーを伴って故郷に引っ越した。この帰郷は故郷を新鮮な目で見る機会になった。それは楽しくも、当惑する体験だった。よその土地で何十年と暮らした後だったから、一緒に仕事をしたカナダ人の多くが控えめなアプローチで問題に取り組んでいることに何か独特のものがあると気づいたが、それをどう解釈すればよいかわからなかった。

翌年、二〇一七年に迎えるカナダ建国一五〇周年記念の関連で、同僚と私はカナダのリーダー五〇人へのインタビューを実施し、カナダ国民がよき未来の創造に成功するには何が必要だと思うかと一人ひとりに質問した。[6]

インタビューを実施している期間に、西洋社会におけるイスラム教徒の立場をめぐり、カナダでも国際的にも、とげとげしく不穏な論争が起きていた。私がインタビューをした人物のなかに元ケベック州首相、ジャン・シャレがいた。同氏は、政治が敵化に向かう誘因について、次のように印象的な意見を述べた。それは二年後の米国大統領選挙戦を予言するかのようだった。

デマゴーグ（扇動的民衆指導者）は、不安感を助長し、特定の集団を危険視することで力を増します。彼らは共通点よりも違いを強調します。肯定的なことよりも否定的なことのほうが記憶に残りやすいのが人間の性質です。何かに、あるいは誰かに反対票を投じるほうが、支持するよりも容易なのです。政治家の場合、ついある集団と別の集団を争わせたくなるのが常です。なぜなら、それがとても効果的で手っ取り早いからです。

シーア派の分派、イスマーイール派イスラム教徒の世界的な精神的指導者によって設立された組織、アーガー・ハーン財団カナダのCEO、ハリール・シャリフにもインタビューをした。シャリフは、次のようにカナダ文化に対して思慮に富んだ見解を示した。私は初めて耳にすることだった。

世界全体としては、均質性という概念は、二つの理由で急速に消失しつつあります。第一に、私たちは個人差、すなわち「個性」をかつてなく意識するようになっています。第二に、私たちは歴史的に前例のない人口移動を経験しています。この二つの要因が意味するのは、違いをうまく扱い、ある種の共通の枠組みで暮らせるという発想が、現代のどの社会にとっても基盤として求められるだろうということです。

前に誰かからこう言われたことがあります。人にとって、謙虚さは最高の美徳だと。社会にとって最高の美徳――ほかのあらゆる美徳や能力が生じる元となる美徳は何でしょうか？　多元性に対処する能力がほかのあらゆるものを生む源ではないかと私は思います。社会の多元性に対処する能力を高めることができれば、ほかの問題にはいくらでも対処できるでしょう。カナダ社会の足場――この多元性を尊重するという誓約――は、ほとんどのカナダ人にとって目には見えないものです。私たちは必ずしもそれをはっきりと理解していわけではありませんし、あたりまえだと思っているかもしれませんが、それは私たちに根付いています。

シャリフは私に個人的な課題も提示した。「あなたが誇りに感じている、世界中で行ってきたコラボレーションの仕事は、おそらく単にあなたの個人的な才能の表出ではないでしょう。たぶん、あなたは自分が育った文化の何かを表してきたのでしょう」。多元性を尊重する文化はカナダ文化だけではないし、カナダ人はしばしば逆の価値観も体現する――たとえば、先住民文化を容赦なく抑圧した。しかし、シャリフが指摘していたように、矛盾し、込み入った全体と共生し、それに取り組むという多元性の文化には、重大な価値がある。

すべてのホロンが二つの衝動をもつ

多数の全体に取り組めるようになる秘訣は、力と愛の両方を使えるようにすることだ。私はこの枠組みを二〇一〇年の拙著『未来を変えるためにほんとうに必要なこと』(英治出版/原題 "*Power and Love*") で提案したが、その後もずっとコラボレーションのダイナミクスの理解にはそれが不可欠だと感じてきた。

この本では、神学者、パウル・ティリッヒの本質をついた著作に従って、**力**《パワー》を「生けるものすべてが自己を実現しようとする衝動」と定義した。[7] 力の衝動は**主張する**という行為として現れる。集団の場合、力の衝動は差別化（多様な形態と機能の発達）と個別化（互いに独立して働く部分）を生む。[8]

愛《ラブ》の定義も、ティリッヒに従って「切り離されているものを統一しようとする衝動」とした。愛の衝動は**関わる**という行為として現れる。集団の場合、愛の衝動は均質化（情報や能力の共有）と統合（結びついて一つの全体になる部分）を生む。

私の論旨は、すべての人や集団がどちらの衝動ももっており、一方だけ用いるのは常に誤りであるということだった。愛と力は二者択一の選択肢ではない。これらは相補的な両極であり、私たちは両方とも選ばなければならない。ここで私は、ティリッヒを研究したマーティン・ルーサー・キング・ジュニアが「愛なき力は無謀で乱用を招き、力なき愛は感傷的で実行力に乏しい」[9]という言葉で強調した点を詳しく述べている。そして、この二つの衝動のうち片方のみが発揮された場合に生じる一対の退行的《ディジェネレーティブ》な側面と、両方ともに発揮された場合のみ生じる生成的《ジェネレーティブ》な統合について、大小の社会システムに見られる例を多数挙げた。

生きている全体、すなわちホロンはすべて愛と力の衝動をもつ。愛、統一の衝動は、ホロンの部分性、つまりより大きな全体の一部であることを反映している。力、自己実現の衝動は、全体性、つまりそれ自体が全体であることを反映している。したがって、愛と力の両方を使えることは、多数の全体に取り組めるようになるための前提条件だ。

一度この本についてオランダの臨時管理職の派遣団体に話したことがあった。特別プロジェクトや管理職の休業や着任の遅れといった事情がある組織で、一時的な欠員を埋めるために管理職を派遣するマネジメントの専門家集団だ。私の主張に対する反応は、力と愛の両方を使って仕事をする必要性は明らかだというものだった。なにしろ管理職としての務めというのは、個々のチームメンバーの自己実現の衝動と、集団としての自己実現を達成するためにチームを統一する必要性との両立を図ることに尽きる。これが彼らの意見だった。

政治家や活動家に接する時間が増えるにつれ、社会システムに取り組む場合の力と愛の重要性についても私の理解は深まった。国連で政治分析の部門を統率していたアントニオ・アラニバルが、『未来を変えるためにほんとうに必要なこと』のスペイン語版のスポンサーになったときには、驚いた。同書を有益だと思う理由をたずねると、彼の見解では政治の本質は大小の全体の利害を調整することだという答えが返ってきた。

ちょうどその頃、ジョンソン大統領図書館・博物館の理事をしているベティー・スー・フラワーズから、米国のリンドン・ジョンソン大統領がこの調整をどうやったか調べてはどうかと言われた。私はジョンソンが歴史的な転機となった公民権法の制定に成功したいきさつについてのおもしろい話が書かれている伝記を見つけ夢中になった。ジョンソンのやり方は、個々の議員の利害にていねいに耳を傾け、それによって個々の政治的全体を集合的な政治的全体にまとめあげるというものだった。著者は、ジョンソンと歴史家のアーサー・シュレジンジャーの会合について次のように描写している。

ジョンソンは上院議員一人ひとり、つまり公民権法反対派の四八人の民主党上院議員について調べあげた。

「私が動かさなくちゃならない相手がどんな人間か知っておいてもらいたい」とジョンソンは言った。シュレジンジャーは後に「ジョンソンは全部やったわけじゃないが、ほとんどやった」と振り返ることになる――この歴史家にとって終生記憶に残る議員工作を。ジョンソンはリストの議員を一人ずつ確認した。それぞれの強みと弱み、誰が酒好きで、誰が女好きか、議員が自宅にいるときに接触すべきか、愛人宅にいるときに接触すべきかという心得、誰が選出州の大企業に操られているか、誰が公営電力協同組合の話を聞くか、労働組合の請願に応えるか、それとも農業関係のロビー活動に応えるか、どの議員がある主張に返答し、どの議員が反論に応答したか、など子細に把握していた。ジョンソンは箇にして要を得た物真似もやってみせた。「アルコール依存症が問題だったチャベス上院議員の話になると、ジョンソンは酔っ払ったチャベスの真似をした――実におかしかった」[10]

力と愛を交互に使う

『未来を変えるためにほんとうに必要なこと』を出版した後、心理学者のバリー・ジョンソンが力と愛のような両極の関係をマッピングする手法を開発したことを知った。ジョンソンは、解決できる問題というものと、解決できないがやりくりはできる両極性というものを、区別しなければならないと提唱する。[11] 彼の説明によれば、両極性における二極の関係は呼吸の関係に似ている。私たちは、息を吸うか、吐くかどちらか一方を選べない。息を吸うだけなら、二酸化炭素過多で死んでしまうし、吐くだけなら、酸素不足で死んでしまう。だから、息を吸うことも吐くことも、同時にではなく交互に行わなければならない。まず、息を吸って血中に酸素を取り込む。次に、細胞が酸素を二酸化炭素に変換し、血中に二酸化炭素が増えると、息を吐いて二酸化炭素を排出する。血中の酸素が少なくなると、また息を吸う。この繰り返しだ。健康な人なら、この不随意の生理的フィードバック・システムによって息を吸うと吐くの交互反復が保たれ、そのおかげで生命を維持し、成長することができる。

バリー・ジョンソンのマッピングを知ったことで、私は関わることと主張することに関する自分の混乱した体験の意味を理解することができた。愛と力を発揮して、多数の全体に取り組むために何をする必要があるかを教えられたのだ。私の初期のコラボレーションの認識――調和を受け入れ、不一致を拒否するという意味のコラボレーション――がコラボレーションの

愛と力の極性を管理する

	愛	**力**
この極の**生成的な**側面	関わる	主張する
限度を合図する反応	屈服する	抵抗する
この極の**退行的な**側面	操作する	強要する

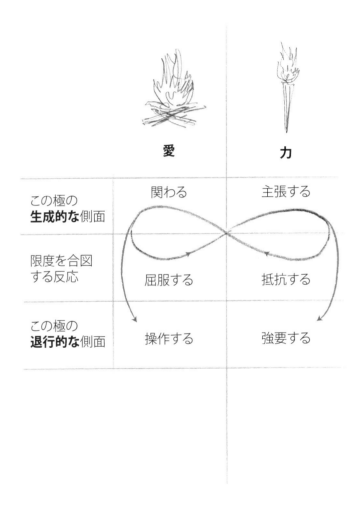

適用性と効果を制限していたことがようやく理解できるようになった。この調和一辺倒のコラボレーションを採用しようとすると、たいてい失敗し、結局は「適応」か「強制」か「離脱」に戻ることになっていたのだ。

協働する場合、愛と力を交互に発揮することが必要だ。まず相手と関わる。関係が続き、濃密になると、やがて相手のなかに融合や屈服、すなわち関係を維持するために自分にとって重要なことを二の次にしたり、妥協したりせざるをえないという不快な感情が生まれる。この不快な反応もしくは感情は、相手が主張したり、強く要求したりする行動に切り替える必要があるという合図だ（アレナスやスズキが自分にとって重要なことを主張したように）。ところが、相手の主張が続き、強くなると、やがては当方に阻止、反対、抵抗の衝動が生まれる。この反応もしくは感情は、双方が関わることに戻る必要があるという合図だ（この単純化した例では、当事者それぞれに一つずつしか役割を与えていないが、実際は両当事者が両方の役割を果たすこともある）。

関わりと主張という二つの反応のどちらか、あるいは不快さの限度が無視され、度を越したらどうなるかを考えれば、関わりと主張を切り替えることが不可欠だと理解できるだろう。主張し、相手の抵抗の試みを押しのけて進みつづければ、自分にとって重要なことを相手に無理強いするという結果になり、それによって相手を負かす、つぶすということになる。極端な場合、主張しかしないことは、戦争と死を招く（二〇一三～二〇一四年のタイの暴力的な政治紛争で一部の国民が内戦になるのではないかと恐れていたことがこれに該当する）。このリスクは広く認識されているが、それを回避するためには、主張が行き過ぎているから、関わりが必要だと合図する抵抗の感情に気づくことが重要だ。必要なタイミングで関われば、主張することが負の結果を生む退行的なものになるのを止めることができる。

一方、相手が妥協させられていると感じるところを越えて相手と関わりつづければ、相手を操作したり、無力にしたりする結果になる。極端な場合、関わることしかしないことは、窒息、すなわち押しつけられた平和や和解から生じる生気のない状態を招く（二〇一四年のタイの軍事クーデターの結果、一部の国民が沈滞した社会になるのではないかと恐れていたことがこれに該当する）。このリスクはあまり認識されていないが、それを回避するためには、関わりが行き過ぎているから、主張が必要だと合図する屈服の感情に気づくことが重要だ。必要なタイミングで主張すれば、関わることが負の結果を生む退行的なものになるのを止めることができる。

このあまり認識されていない際限なく関わることのリスクは、モン・フルー以降に関わりや対話を受け入れ、主張や争いを拒否してきた私が見落としていたことだ。バリー・ジョンソンの指摘によれば、際限なく主張することのリスクを注視しすぎると（私がそうだったように）、一極にすぎない関わることを過大評価して理想化してしまい、今述べたような逆の落とし穴に陥る。私が犯していた誤りは、文明的でない、危険なものとして、主張することを拒否し、それによって主張を陰の存在に押しやってしまったことだ。それでも主張は消えなかった。主張を地下に潜らせたにすぎず、その結果、私はほぼ無自覚に、明瞭でない形で主張を行使することとなった。

心理学者のジェイムズ・ヒルマンによれば、私のような「人を支援する専門職」に従事している人の多くは、主張と力を否認する誤りを犯しやすいという。ヒルマンは次のように書いている。

なぜ力をめぐる対立はこれほど無情なのか？——聖職、医学、芸術、教師、看護といった理想主義的な専門職に比べて、それが日常茶飯事であるビジネスや政治ではそれほどでもないのに。ビジネスや政治では、理想主義は鳴りを潜め、陰の意識が目立つように思われる。力は抑制されるのではなく、日々の友として共存している。さらに言えば、愛の敵であるとは明言されていない。力の概念そのものが、愛とのロマンティックな対比によって堕落させられるかぎり、力は確かに堕落する。堕落は力のあるところで始まるのではなく、力を無視するところで始まる。[12]

主張を阻止すると、それを不適切に扱い、退行的で危険なものにしてしまうことになるわけだ。

ヒルマンが指摘しているように、ビジネスや政治では、主張することと関わることが共存しており、主張の価値（競争や論争）は一般に容認されている（たとえば、公正な競争ができるように協力して競い合う場を維持する）。しかし、コラボレーションの場では、主張するよりも関わる必要があるという従来の誤解がある以上、生成的な主張ができるように意図的に努力しなければならないということになる。

従来型コラボレーションは関わることに重きを置き、そのために主張する余地がないから、コラボレーションが硬直化して弾力性を失い、壊れやすくなる。麻痺状態に陥り、行き詰まる。それとは対照的に、ストレッチ・コラボレーションは、関わることから主張することへ、またその逆へと生成的に循環し、社会システム——家族、組織、国など——をより高いレベルへ進化させる。[13]

これまで『未来を変えるためにほんとうに必要なこと』について講演するなかで、観察してきた実感では、愛と関わりか、力と主張か、ほとんどの人がどちらか一方を快適に感じるようだ。この好みは個人的なものとも、文化的なものとも言える。どちらかを好む人たちも、ストレスの少ない状況なら（たとえば仲間や友人との関係）、両方の衝動を円滑に使えるかもしれないが、ストレスの多い状況になると（たとえば反対者や敵対者との関係）、デフォルトの自分にとって安心・快適なゾーンに戻り、そこから抜け出せなくなる。私にこう言った人がいる。「仕事では、力を使っているほうが楽です。私は愛を何か家庭向きのものと思っていましてね。ところが、結果的に、いじめだなんて非難されることがよくあるんです。それで力は抑制するようにしています」。一方、こう言った人もいる。「私は愛を使うほうが楽ですね。私は力を危険なものと見なしています。ところが、結果的に、傷つくことがよくあるんです。それで愛は制限するようにしています」。さらに言えば、人はたいてい強いほうの衝動に専念することを選び、もう一方の衝動はほかの誰か——配偶者、ビジネスパートナー、組織の他部署など——に任せてしまう。

ストレッチ・コラボレーションでは、私たち全員が愛と力の両方を受け入れることが求められる。抑制、すなわち強いほうの極を弱めるか、弱いほうの極を誰かに任せているかぎり、手ごわい状況でのコラボレーションには成功しないだろう。そこで、逆のことを実行する必要がある。弱いほうの極を使う練習をして、それを強化するということだ。そう、ストレッチが必要なのだ。

関わることと主張することを交互に行う秘訣は、サイクルが退行的ではなく生成的になるように、いつ、どちらを使うべきか知ることだ。カナダのアルミニウム会社、アルキャンの元CEO、デヴィッド・カルバーは傑出した経営者として知られていた。彼が引退したとき、社会変革の研究者、フランシス・ウェストリーが名経営者であるための秘訣をたずねたところ、「自分が情け深くありたいと望んでいると感じたら、厳しくあろうとし、自分が厳しくありたいと望んでいると感じたら、情け深くあろうとしました」という答えが返ってきた。つまり、関わることと主張することの間を行ったり来たりするには、アンバランス（退行的な状態に入る境界を越える）を知らせるフィードバックに注意を払い、バランスを取り戻す動きをする必要があるのだ。関わることが屈服をもたらし、相手を操作する恐れがあるなら、主張を促進するときだ。主張することが抵抗をもたらし、相手に強要する恐れがあるなら、関わりを促進するときだ。大切なのは、静的なバランスの位置を保つのではなく、動的なアンバランスに気づき、それを修正することなのだ。

関わることと主張することの両方を使うスキルとは、注意を怠らず、勇気をもって必要なら逆方向に動けるようにすることだ。関わることが優勢な状況やシステムでは、主張しはじめると、無作法だとか攻撃的だとか見られることもあるだろう。主張することが優勢な状況やシステムでは、関わりはじめると、弱いとか裏切りだとか見られることもあるだろう。したがって、潮流に逆らって進むには忍耐を要する。優勢な動きがフラストレーションや疑い、恐れを生むようになるときまで待ち、それから逆方向の動きを起こせるようにならなくてはいけない。

そして、対立とつながりを受け入れるために欠かせないのは、愛と力をどう使っているかに気を配ることだ。自分たちが大切にする集合的な「全体」の統一と利益を最優先すべきと力説して、愛を使いすぎていることに気づいたら、力を使い、それがもたらす（おそらく不穏な）対立と共存する必要がある。自分たちが大切にする「部分」だけの表現と利益を最優先すべきと力説して、力を使いすぎていることに気づいたら、愛を使い、それがもたらす（おそらくは自分たちを束縛する）集団主義と共存する必要がある。私たちは両方を使いつづけなければならない。

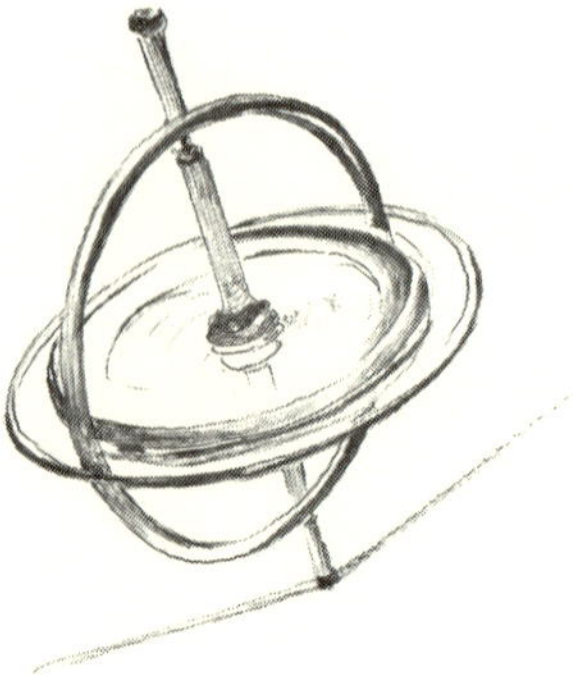

balance in movement
movement in balance

動く中でのバランス
バランスの中での動き

第6章
進むべき道を実験する
——第二のストレッチ

The Second Stretch Is to Experiment a Way Forward

旅びとよ、道はない。歩くことで道はできる。

——アントニオ・マチャード[1]

従来型コラボレーションは、問題や解決策、解決策の実行計画に合意し、それからその計画を実行することによって前へ進む。このアプローチは、コントロール下にある単純な状況なら、すなわち協働者間《コラボレーター》でそういう合意に達することができ、なおかつ立てた計画で意図した結果を出すことができるなら、うまくいく。しかし、複雑でコントロールされていない状況では、実行可能なさまざまな意見や行動を**実験する**必要がある。一歩進んでは起きていることを観察し、また一歩進むということになる。

未来をコントロールすることはできないが、未来に影響を及ぼすことはできる

当事者たちにとって最も重要な課題についての協働を支援するのが、私の仕事だと考えているので、通常私はどの問題に取り組むかを選ぶことには積極的ではない。しかし、何年か前から、コロンビアやグアテマラ、そのほかの土地での体験を経て、ヘロイン、コカイン、メタンフェタミンなど、蔓延する違法薬物がらみの問題に関心をもつようになった。そして二〇一二年、

思いがけずこの問題に関わるきっかけを得ることになった。

この問題に取り組みはじめてみて、指定薬物の生産、販売、消費を非合法化することによる「麻薬撲滅の闘い」を遂行するという、ただ一つの戦略を、世界中の政府が四〇年もひたすら実行しようとしてきたという事実に衝撃を受けた。薬物規制当局者は、国際法、国内法、現地法と厳しい法律一式を年に一〇〇〇億ドル以上の費用をかけて施行していた。[2] 公式の政策論議では、この戦略の代案についての議論は除外されていた。しかも、これほど著しくリソースを集中させていたにもかかわらず、薬物関連の依存症、犯罪、汚職、投獄、暴力はどれも一向に減る気配がなかった。

一九九〇年代、一部の政治的リーダーがこの既成の戦略を疑問視しはじめた。なかでもひときわ率直な人物の一人がコロンビア大統領、ファン・マヌエル・サントスだった。二〇一一年一一月、サントスはこう述べている。「この問題に関しては、私たちは世界がエクササイズバイクをこいでいるようだと感じるときがある。私たちは薬物と闘いつづけているが、薬物は氾濫しつづけている」。[3] サントスはこの点を多数の会議で何度も繰り返し、薬物政策の行き詰まりを打開し、前進させる方法を探していると言明した。

私と僚友のホアキン・モレノ、グスタボ・ムティスは、一九九六年以降、デスティノ・コロンビアなどのプロジェクトでサントスと一緒に仕事をしたことがあった。二〇一二年二月、私たち四人は、『未来を変えるためにほんとうに必要なこと』のスペイン語版発刊のためにボゴタで顔を合わせたとき、デスティノ・コロンビアをモデルに国際的なリーダーを集めて、薬物政策の新しい選択肢を探求するプロジェクトを思いついた。この提案は合意され、二〇一二年四月、サントスはこのプロジェクトを米州首脳会議に提案した。この提案は合意され、ワシントンDCの米州機構（OAS）に仕事が割り当てられた。自分が世の中を変える機会に積極的に足を踏み入れることで実現するものがあることを知って嬉しかった。

こうした経緯から、二〇一二年五月から二〇一三年五月まで、私は僚友やOASとともに麻薬撲滅の闘いの代案を明確に示すための意欲的な活動に取り組むことになった。[4] OASの事務総長、ホセ・ミゲル・インスルサは、この重要な任務を受けて喜んだが、私と僚友も参画することになっていると知って驚いた。OASは通常、加盟国政府による公式の、合理主義的な、そして外交的な交渉による合意形成を図ることで、任務を果たすというアプローチをとっていたからだ。多くのオブザーバーはそうしたアプローチで、薬物政策のような膠着した難題を改善することができるものか疑っていた。OASのアプローチとは対照的に、私たちは政府・非政府を問わず多様なステークホルダーが参加する非公式の創造的なコラボレーションによって代替案を提起したかった。

OASと私たちの間に立場やアプローチの違いがあったために、インスルサとそのチームとの初会合は疑いや摩擦でいっぱいになった。向こうもこちらも、自らがプロジェクトを掌握することを望んだが、プロジェクト発足の経緯が経緯だったから、どちらもそうはできなかった。

だから、このコラボレーション・プロジェクトを実施するには、私たち自身が協働するしかなかった。

　プロジェクトをどう組織するか、どのステークホルダーを参加させるか、公式の政府手続きにどうつなげるか詰める必要があった。私たちは、この一か八かで世間の注目を集めるプロジェクトを成功させるという点では利害が一致していたが、こうした決めなければならない問題についての見方や利害がことごとく食い違っていた。そういうわけで、これは丸一年に及ぶ**関わる**ことと**主張する**ことに明け暮れる日々の始まりだった。友好的な話し合いと怒りをぶつけ合うような論争、協力と競争が繰り返されることになった。このように自分にとってきわめて重要なプロジェクトに相容れない人々と一緒に取り組むという経験は、気持ちが高揚することでもあり、憤慨することでもあった。

　私たちは四六人のリーダーから成る作業チームを立ち上げることに合意し、米州のすべての国と薬物政策に関わる全セクター（政治、防犯、ビジネス、健康、教育、先住民文化、国際機関、司法制度、市民社会）からリーダーを集めることになった。このチームは、パナマシティで二〇一三年の一月と二月の二回にわたって三日間ずつ開催されたワークショップに参集した。チームの第一の任務は、薬物問題とその周辺で起こりうる複数のシナリオ――起こるだろうシナリオや起こるべきシナリオではなく――に合意することだった。この枠組みは決定的に重要だった。なぜなら、このように任務の柱がしっかりしていたおかげで問題と解決策に関して根本的に異なり、凝り固まった見解をもつチームメンバーが、誰の意見が正しいかという普段の硬直した話し合いから、何が可能かという普段とは違う流動的な話し合いに移行することができたからだ。

私と僚友は、チームが自由に、新たに関係を結び、考え、行動できるようにプロジェクトをまとめることに専念した。ワークショップにはOASの会議なら通常は行わない多様な活動が含まれていた。たとえば、診療所や警察署、運河など現地のあちこちを訪ねて、複雑な現状のさまざまな面を直に観察した。また、薬物問題に携わってきた人たちの個人史も共有した。そうして、何が起きているか、何が起こりうるかについて創造的かつ体系的にチームで話し合う数々のセッションを重ねた。

一連のセッションからチームはシナリオ一式を作成した。何を話すかについては指示も禁止もなかった。ワークショップでの話し合いと、その後のチームの報告書草案作成では、どのメンバーにも等しく貢献の機会が与えられ、誰かの貢献だけ重視されるようなことはなかった。報告書の編集者、ベティー・スー・フラワーズは忍耐強くすべての意見を考慮し、何十回も草案作成を繰り返しては回覧した。また、このような政治的にデリケートな仕事の先例はなかったが、チームの報告書をOASや加盟国政府が書いてほしいように書きかえることはせず、手を加えずに発行するとインスルサはメンバーに約束した。

チーム内の主要な緊張関係は、現行の薬物政策を機能させようとしていた政府役人とそれを改正しようとしていた非政府活動家との間にあった。両者の立場は対称的ではなかった。役人側はより公式の権力と責任をもっていたし、現状に対してより守勢に立っていた。どちら側も相手側を信頼していなかった。初回のワークショップで、ある役人から改正派は廊下でマリファナを吸っていると思うと言われて、私もマリファナのにおいを嗅いだと思った。後日、この非難は事実無根であるばかりか、ばかげていると気づいた。自分がこの仕事に熱中し、双方の不信を引き受けようとするあまり、ありもしないにおいまで嗅いだことに我ながら驚いた。

私たちは、チームが自由に、透明に、民主的に結論をまとめることができるよう慎重にプロジェクトをとりまとめた。そして何週間もの活発な議論の末、このアプローチはうまくいった。ワークショップやメール、電話会議で話し合いを重ね、チームは報告書の文言に合意した。チームは政府が麻薬撲滅の闘いを抜本的に変更する数通りの未来のシナリオについて討議した。たとえば、一部の国が国際条約を無視し、麻薬密売人に領土内の自由通行を許すシナリオ、防犯中心ではなく健康中心の政策のシナリオ、非犯罪化、非刑罰化、合法化など、薬物規制の新しい方法を実験するシナリオがあった。

インスルサが、完成した報告書をサントスはじめ各国政府のリーダーに元の文章のまま送付した。公式指令による文書が既成の薬物対策戦略以外の戦略の可能性を論じたのは、これが初めてだった。懐疑的な人々の予想に反して、ＯＡＳはコントロールしない自由なプロセスを許し、その結果は革新的で重要なものになった。

サントスは報告書を発表するとき、こう述べた。「四つのシナリオは、こうなるべきという提言ではなく、こうなるという予測でもありません。先入観や独断を排して、現実的な選択肢をありのまま私たちに提示するものです」[5]。一年四カ月後、インスルサはこう振り返っている。「報告書は多大な影響を即座にもたらした。それはすべての選択肢について先例がないほど率直な話し合いを可能にした。そして薬物問題に対処する方法の〝前〟と〝後〟という分岐点となった」[6]

このプロジェクトに取り組んだやりがいのある一年が過ぎて、私はチームとして成し遂げたことにわくわくしていた。同時に腹も立っていた。反対者や敵対者も含めて全関係者参加、チームを創造的なプロセスに引き込む、報告書の文章はチームに任せる、という私が支持してきた仕事の進め方に従ってもらうためにOAS側の担当者に強く迫るしかなかったからだ。しかし、冷静になってみると、相手の行為が気に入らないと腹を立てている私自身も、同じことをしていると気づいた。自分の気が済むようにするために何もかも自分の力でやっている自分に気づかされたのだ。私は全力を尽くして関わり、主張するべくストレッチを学んでいた。

このプロジェクトは米州の薬物問題を解決するには至らなかった。新しい政策や行動計画を生み出したわけでもなかった。プロジェクトの成果は、現状に替わる起こりうる未来についての根本的に新しいストーリー（四つのシナリオ）をチームが共有したこととシナリオの主人公たちの重要な新しい仕事上の関係（特に役人と改正派との関係）だった。プロジェクトのあったその年には薬物政策の世界でも新たな動きがあった。なかでもウルグアイと米国の一部の州でマリファナが合法化されたことは特筆すべきことだった。こうしたプロジェクト外の進展とともに、私たちは米州で、またそれを越えて薬物政策の未来に新しい可能性を切り開いた。たとえば、需要と供給を規制する代替モデルの実験、薬物使用の害を減らす（ハームリダクション）プログラムの実践、量刑の改正、国際条約の改定など、従来は許されなかった選択肢が採用されるようになったのだ。プロジェクトは、四〇年も行き詰まっていた米州の社会システムがそこから脱し、前進するのに貢献したのだ。

このプロジェクトから、私はコントロールできない状況に影響を及ぼすには何が必要かという明確なイメージを得た。私たちが解決しようとしていた状況は、少なくとも三つのレベルでコントロール不能だった。第一に、多数の合法・非合法の関係者による多数の新旧薬物の生産と消費をコントロールできなかった。第二に、世界中の政府・非政府ステークホルダーの薬物政策に関する見解や立場をコントロールできなかった。第三に、それぞれ所属の異なるプロジェクト参加者によるコラボレーションのプロセスのアウトプットをコントロールできなかった。

しかし、プロジェクトチームがこの状況をコントロールしようとするのを断念すると、私たちはかえって取り組みを前へ進めることができた。結果的に、参加者が問題にも解決策にも合意することは不可能なだけでなく、その必要もないとわかり、そう実感したことで私たちは解放され、合意なしで歩を進めることができた。スタッフやステークホルダーのチームにこのような揺るがないコラボレーションがあったことで、何とかしようとしていた状況に新しい可能性がもたらされた。この新しい可能性のなかでも特に重要なことは、一つの既成戦略を頑なに実施することを越えて、さまざまな新しい戦略を柔軟に実験しはじめる用意が整ったことだった。

私たちは川底の石を探りながら川を渡っている

ストレッチ・コラボレーションでは、進む道を共創する。出発する前にルートを知ることはできない。ルートを予測したり、コントロールしたりもできない。進みながらルートを見つけることしかできないのだ。こんなふうに取り組むことは、刺激的でもあるし、不安でもあるだろう。

ストレッチ・コラボレーションの参加者は、たいていは互いに賛同できないか、好きではないか、信頼できない者どうしだから、穏当で短期、低リスクのもの以外は、どんな行動計画にも意欲的な姿勢を見せることはない。みんなが任意で暫定的にコラボレーションに参加しており、誰も他者をコントロールできないことを考慮すると、参加をやめるという選択肢はほぼ常にある。協働者はやりたいことをやるわけだから、やりたくないことをやらせようと強制したり、言いくるめたりしてもうまくいかない。薬物プロジェクトの場合、全関係者がプロジェクトの浮き沈みがあってもプロジェクトに留まったのは、プロジェクトにいれば自分にとって重要な問題に対して何かできる重要な機会を得られると考えたからだった。

経営学の教授、ピーター・センゲはこう述べている。「ほとんどのリーダーシップ戦略は、最初から失敗する運命にある。変化を起こそうとするリーダーはしばしば、草花を見張りながら『育て！　もっと頑張れ！　やればできる！』と懇願する庭師のようだ。草花を説得して成長したいと思わせようとする庭師などいない。もし種に成長する潜在能力がなかったら、誰がどうやっても変化は起こせない」[7]。ストレッチ・コラボレーションは草花を育てるようなものだ。集合的な努力が花開くのに適した条件を整えることはできるが、花開けと指示することはできない。

協働者が行動計画に意欲的な姿勢を見せたとしても、こうしたコミットメントや計画はたいてい変化のプロセスの始まりにすぎず、終わりではない。複雑で意見が割れる状況では、計画がうまくいくかどうか——関係者が実行を約した行動を起こすかどうか、その行動が意図した影響を及ぼすかどうか——知ることのできる唯一の方法は、やってみることだ。考えたことが計画どおりにうまくいくと想定するのは傲慢で非現実的というものだ。複雑で意見が割れる状況で、唯一理にかなった前進の方法は、一歩ずつ進み、進みながら学ぶことになる。

したがって、ストレッチ・コラボレーションでは取り決めや合意を交わす以上のことが必要になる。それは進行していく創発的なプロセスで、そこでは合意よりも行動が大きな意味をもつ。決定的に重要なのは、参加者が自由に、創造的に行動でき、そうすることで進む道を創造できる状況をつくることだ。コラボレーションの成功は、参加者が互いに賛同するとか、好きになるとか、信頼するということではない。そうなるかもしれないし、ならないかもしれない。成功とは、行き詰まりから脱して、次の一歩を踏み出すことだ。

ストレッチ・コラボレーションでは計画を立て、合意し、実行する以上のことも必要になる。計画作成は一定の規律として役に立つことはある——参考程度にして、意味がなくなったら変更するかぎりにおいてではあるが。ストレッチ・コラボレーションの場合、不確実性と論争のなかで前進することになる。中国共産党の元指導者、鄧小平は、同様のアプローチで中国を社会主義市場経済に移行させることを「私たちは川底の石を探りながら川を渡っている」[8]と心に残るたとえで表現した。

チームがすべきは計画するよりも進む道を探ることだというのは、経営学の文献では確立されている原則だ。組織論研究者のカール・ワイクが、スイスで軍事演習をしていた兵士の一団について、おそらくは架空の話だが、あるエピソードを紹介している。

ハンガリーの小規模なアルプス分遣隊の若い中尉が、凍てついた原野に偵察隊を送り込んだ。すぐに雪が降りだし、丸二日降りつづけた。偵察隊は戻らなかった。中尉は心配し、部下を死に追いやってしまったのではないかと恐れた。ところが、三日目に部隊は帰還した。部隊はどこにいたのだろうか？　どうやって帰ってきたのだろうか？　部隊の者はこう説明した。

「ええ、道に迷ったと思い、雪がやむのを待っていました。やがて一人がポケットに入っていた地図を見つけました。それで一同落ち着きを取り戻しました。キャンプを設営し、雪嵐がやむまで持ちこたえました。それから地図を見て自分たちのいる方位を定めました。そしてここにたどり着いたというわけです」。中尉はその大役を果たした地図を借りて、よく目を通した。驚いたことに、それはアルプスの地図ではなく、ピレネーの地図だった。[9]

ワイクの論点はこういうことになる。人が進むべき道を見つけるのは、必ずしもよい地図や計画があるからではなく、「行動を開始し、ある状況で具体的な結果を生み出し、そこから今何が起きているか、何を説明する必要があるか、次に何をすべきかを知る」からだ。明確なビジョンや目標は必要ない。必要なのは、克服しようとしている課題または問題の複合する状況についての共通の問題意識だけだ（兵士たちの場合、それは基地に戻ることだった）。コラボレーションをするチームは一般的に、合意した目標を達成するためのすぐれた計画を入念に実行することによってではなく、行動し、その行動から学ぶことによって前進する。事がうまく運ぶ

戦略の種類

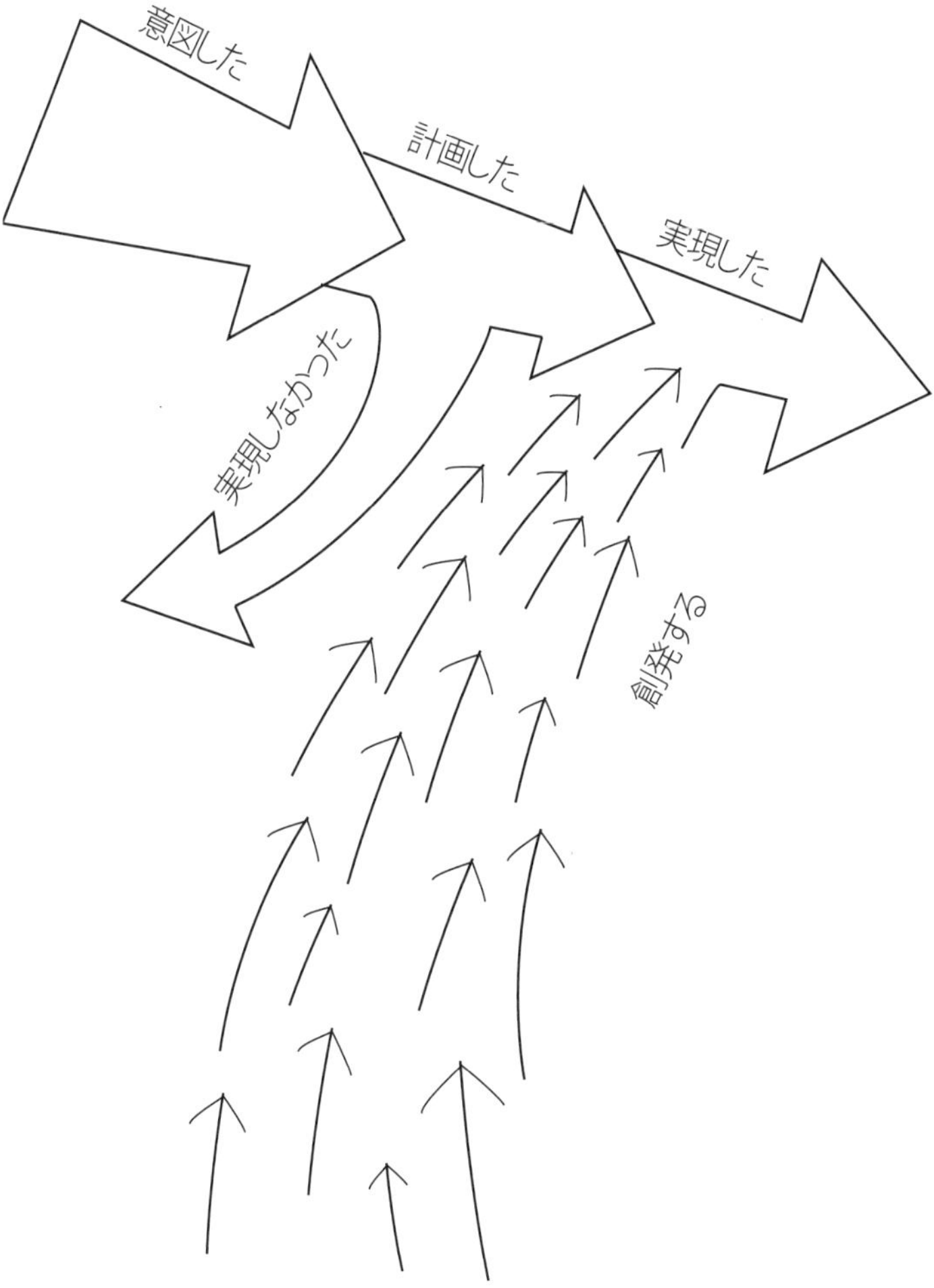

ときというのは、（エピソードの兵士たちのように）チームは希望をもって、俊敏に、活力に満ちて、柔軟に、支え合いながら行動し、行動から学んで前進しているのだ。

経営学の教授、ヘンリー・ミンツバーグはこの原則をさらに発展させている。ミンツバーグによれば、戦略を実現するには二つの正反対の方法があるという。意図したことを実現するのに成功する「計画的戦略」と、意図にかかわらず、あるいは意図がないままに実現される「創発的戦略」の二つだ。組織の実践に関する彼の観察によると、純粋に計画的戦略を現実に実行できる、あるいは実行している経営者はほとんどいない。

戦略が完全に計画的なものになるには――すなわち、実現した戦略（行動パターン）がまさに意図したとおりになるには――少なくとも三つの条件が満たされなければならないだろう。第一に、組織に精密な意図が存在し、何らかの行動を起こす前に望むものについて疑いの余地が一切ないように、比較的具体性のある詳細さで明言されていること。第二に、組織とは集団行動を意味するから、その意図が組織的か否かについて持ち上がりそうな疑いをすべて晴らすために（関係者自身の意図として共有されるのであれ、おそらくはある種のコントロールに応じて、リーダーから意図を受け入れるのであれ）、その意図が事実上、全関係者に共有されていること。第三に、この集合的意図がまさに意図したとおりに実現されていること。これはつまり、一切の外部の力（市場、技術、政治など）が介入しないことを仮定している。言い換えれば、完全に予測可能で、何もかもに恵まれていて、環境が組織の完全なコントロール下にあるということだ。この三つの条件は難しい注文であるから、組織において完全に計画的な戦略というのはまずないだろう。[10]

一組織という単純な状況でこの三つの条件がまず満たされないというなら、複雑で対立のある複数組織が関与する状況では決して満たされない。したがって、ストレッチ・コラボレーションでは、計画的ではなく主として創発的なプロセスをもって前進することになる。

創発的戦略は実験によって実現される。「ラピッド・プロトタイピング」のようなデザインベースの手法を用いて、うまくいくのではないかと考えた思いつきを試し、結果から学ぶ。仮説を明確にし、テストして、早いうちに誤りを見つけようと努力する。誤りは小さいほうが修正するのにコストがかからない(「早く失敗して立ち直れ」)。ここには間違えることは失敗ではなく成功だという認識がある。失敗とは行動しないこと、その結果学ばないこと、すなわち行動を遅らせ、その結果、もっと大きい、コストのかかる失敗をすることと言える。薬物プロジェクトでもこのように取り組んだ。メンバーの報告をチームで何度も少しずつ繰り返し、一つの政策提言ではなく複数の起こりうるシナリオを明確にし、政策の実験に焦点を当てた一つのシナリオを提出した。

創造性はネガティブ・ケイパビリティを必要とする

実験のプロセスは創造のプロセスだ。私の同僚でアーティストのジェフ・バーナムは、パブロ・ピカソがマタドール（牛にとどめを刺す主役の闘牛士）の絵を創作しているところを低速度撮影した写真から制作された映画を私に見せて、この原則を教えてくれた。[11] ピカソはまずカンバスにいくつかおおざっぱな目印をつけ、それから細部と色を加える。そして描いたものを何度も何度も描き直し、塗り重ねていく。ある時点でピカソは作品の真ん中にある美しく描かれた雄牛の頭を消し去る。バーナムは次のように説明する。

創造的プロセスは、発見のプロセスであって、頭の中ですでに見えているもの、知っているものを投影するプロセスではない。アーティストは、すでに完成した心の絵を明らかにするのではない。ある明瞭な表現媒体で、それに固有の特性という制約内で、その媒体をインスピレーションと一致するものに近づけようと追求する。ピカソは創造と同じくらい進んで破壊もする。人は激しいくらいに進んで手放さなければならない――全体の出現を犠牲にして大切にしている部分にしがみつこうとする傾向を敢然と克服しようとしなければならない。ピカソは美しい顔やすばらしい手を追求していない。ある考えや感情を伝える構図全体を追求している。ピカソはその機能を果たす形を見つける。ここで必要な意思表示は、恐れずにうまくいっていないものを手放し、果敢に新しい解決策を提案することだ。

バーナムと私は、この原則をオットー・シャーマーの「U理論」に結びつけて考えた。[12] U字形は、センシングからプレゼンシングへ（本章で後述）、さらにクリエイティングへという動きを表している。この動きはまっすぐな直行ルートをたどらない。このプロセスの始まりでは、何を創造するかまだ見えず、Uの谷の角を曲がると見えてくるとバーナムは指摘する。何を成し遂げようとしているかという考えはあるが、どうやってそこに行き着くかは未定なのだ。「創造性」という言葉はかなりおおまかに使われているので、本質的な意味を忘れがちだが、厳密には、まだ存在しないものを生み出すという意味だ。薬物プロジェクトは、それまで存在していなかった公式の国際的な政策論議を生み出した。

進むべき道を創造的に見つけるために必要な行動原則は、何かを試し、一歩下がって結果を見てから、それを変更する、というのを何度も何度も繰り返すことだ。私はこれを本の執筆から学んだ。私が本を書くときは、何カ月も費やして言いたいことを考え、草稿を書いても、きちんと書いて、書いたものを見直さないと、意味が通じるか、どう書き直す必要があるか、次に何を書くべきかはわからない。よい文章を生み出すには悪い文章を百回でも見直すしかない。

このように仕事をするには、まだ不十分でまだ不完全な結果（「自分は失敗者だ！」）を怖がらずに、あるいは執着（「これが正しいにちがいない！」）せずに見ることができなければならない。こうなってほしいことではなく、実際に起きていることに向き合って存在する必要があるのだ。また、いつ、どういう成り行きになるかも、成功するかどうかさえもわからない葛藤のある、不快な状況でも心の平静を保てなければならない。詩人のジョン・キーツは、これを「ネガティブ・ケイパビリティ」と呼び、「短気に事実や理由を求めることなく、不確かさ、不可解さ、疑惑がある状態に留まれる能力」と定義した。[13] 私の場合、教え込まれてきた「計画－合意－実行」の三ステップモデルをストレッチして脱し、「不確かさ、不可解さ、疑惑がある状態」に苦痛なく留まり、進むべき道を探れるようになる必要があった。

ストレッチ・コラボレーションがとても厄介な理由の一つは、この種の辛抱強い、肩の力を抜いた実験と反復を引き受けることが求められることだ――しかも、画家や詩人のように一人の仕事ならともかく、反対者や敵対者と一緒に、私たちにとって切実な問題に関して、自分の誤りが公にさらされるのを覚悟でそうしなければならない。

確信ではなく可能性に耳を澄ます

薬物プロジェクトチームのメンバーは、協力して新しい政策の選択肢を想像し、明確にし、可能にすることができたが、それはメンバーが互いの話をオープンに聞くことができたからだ。

オープンに聞くことは、進むべき道を実験するための鍵となる行為だ。
オープンに話を聞けば、まだはっきりしない選択肢を発見できる。すなわち、新たに気づく能力が養われるということだ。仏教指導者の鈴木俊隆は「初心者の心には多くの可能性があるが、熟練者の心にはわずかしかない」と述べている。[14]
私が『手ごわい問題は、対話で解決する』を書いているとき、ベティー・スー・フラワーズからこう言われた。「聞き方にもいろいろあるということを書いてくれて嬉しいわ。ほとんどの人は一種類の聞き方しかないと思っている。女にも種類があることに気づかないようにね」。私たちは、創造的で男性的な機能の種類を見分けることには慣れているが、受容的で女性的な機能については慣れていない。コラボレーションの創造性を高める鍵は、協働者の聞く姿勢をオープンにすることだ。
私自身の経験で、そんな創造的に聞く姿勢への変化が最もはっきりと見られたのは、一九九八〜二〇〇〇年のビジョン・グアテマラだ。大量虐殺が起きた内戦後のグアテマラを前進させるのにチームが果たした大きな貢献は、チームが語ろうと合意したシナリオのストーリーでも、チームが考え出した一つのビジョンや計画でもなかった。それは、元戦闘員も含め、この異質な人々から成る集団のメンバーの多くが、その後何年も、さまざまな構成で、幅広い重要な構想に関して協力して前に進むことに成功したというプロセスそのものだった。それを実現できたのは、メンバーどうしの関係が——特に聞き方が——変化したからだった。

このチームのメンバーにコラボレーションの体験について聞き取り調査をした研究者グループを率いたのがカトリン・コイファーという学者だった。[15] コイファーは、チームの話し方や聞き方に進展があり、それは仕事仲間のオットー・シャーマーが開発中だったモデルに一致することを確認した。[16] このモデルは、私たちの話し方や聞き方には四種類あり、人の立ち位置によって区別されると仮定する。この四種類は、一つの全体を優先するか多数の部分を優先するか、既存の現実を再現するか新しい現実を演じるかによって異なる。人々は、この四つの方法を時に意図的に時に習慣的に、さまざまな背景や帰結で採用する。

ビジョン・グアテマラの初回ワークショップが始まるときには、チームメンバーは互いに深い不信感をもち、不承不承の参加だった。プロジェクト・ディレクターのエレナ・ディエス・ピントは次のように振り返っている。

初回ミーティングの前に昼食をとろうとホテルに着いたとき、私が最初に気づいたのは、先住民の人たちのグループがまとまって座っていることだった。軍の男性陣もまとまって座っていた。人権団体もまとまって座っていた。「お互い話しかけるつもりはないな」と思った。私たちグアテマラの人間はとても礼儀正しくすることが身についている。礼儀正しくするあまり、口で「イエス」と言っても心は「ノー」なのだ。礼儀正しすぎて、

四つの話し方と聞き方

新しい現実を演じる
プレゼンシング
対話（ダイアログ）
「今ここで気づくことは……」
「私の経験では……」
全体を優先
部分を優先
「真実は……」
「私の意見では……」
ダウンローディング
討論（ディベート）
既存の現実を再現する

ほんとうの問題が決して現れないのではないかと心配だった。

これは、シャーマーが**ダウンローディング**と呼ぶ、第一の話し方と聞き方だ。この場合、自己と自分の話の内部にいる立場から聞く。ほかの話は聞こうとせず、自分の話を確かにする内容だけ聞く（「それはもう知っている」）。ダウンローディングに該当する話し方はこうなる。自分の話は唯一の真実か、もしくは、唯一話しても安全あるいは失礼にならないことだと思うから、いつも同じことを話す。唯一の全体（一つの目標、チーム、戦略など）があり、ほかのものは無視するか抑圧すると主張する。ダウンローディングは、専門家、原理主義者、独裁者、傲慢な人、怒っている人、恐れている人の典型的なふるまいだ。賛同できない人、好きではない人、信頼できない人どうしのストレッチ・コラボレーションは常にダウンローディングモードから始まる（「真実は……」）。

ビジョン・グアテマラの初回ワークショップが始まると、グアテマラで何が起きていたのかについてチームはさまざまな見方を表した。チームメンバーのゴンサロ・デ・ビリャは次のように振り返っている。

初回セッションの第一ラウンドは極端に否定的だった。誰もが近年の心に焼きついた出来事を振り返っていたからだ。悲観論でいっぱいの最初の瞬間が生まれた。突然、一人の若者が立ち上がり、チームの悲観論に単刀直入に異議を唱えた。この瞬間は重要な変化の始まりとなり、後に私たちはそれを繰り返し口にした。その若者が不意に私たちを「老いた悲観主義者」呼ばわりしたことは重要な貢献だった。

この第二の話し方と聞き方は**討論（ディベート）**と呼ばれる。この場合、人は討論会の審判者や法廷の判事のように、外部から、事実に基づいて客観的に聞く（「これは正しい、あれは正しくない」）。討論に該当する話し方は意見の衝突になる。各自が自分の考えていることを話し、ある意見と人が勝ち、それ以外は負ける。このモードは、人々が各自異なる見解を表明し、それは自分の見方であって真実ではないと気づいているから、ダウンローディングよりはオープンだ（「私の意見では……」）。

ビジョン・グアテマラの第二回ワークショップでは、チームメンバーは内戦中に起きたことをめぐる難しい会話に身を投じることになった。退役した軍高官のフリオ・バルコーニは、内戦中に自分がとった虐殺に関わる行動について、なぜそのような行動をとったのかメンバーに理解してもらうのに苦心していた。それはメンバーのほとんどが共感できない見方だった。和平協定履行の監視を担っていた閣僚のラクエル・セラヤは、バルコーニのほうに身を乗り出して、静かにこう言った。「女、子どもの虐殺を習うために陸軍士官学校に入る人などいないことはわかっていますよ」

この第三の話し方と聞き方は**対話（ダイアログ）**と呼ばれる。この場合、まるで相手の内部にいるかのような立場から、共感的に主観的に相手の話を聞く（「あなたがどうしてそう考えるか聞きます」）。対話に該当する話し方は内省的になる（「私の経験では……」）。このモードは新しい可能性を切り開く。多数の生きたホロンとともに活動しており、各ホロンが「力《パワー》」と「愛《ラブ》」を現しているからだ。

前章に、ビジョン・グアテマラのワークショップでロナルド・オチャエタが共同墓所の発掘調査を目撃したことを話し、チームが五分間沈黙したときのことを書いた。これは、多くのチームメンバーが後に言及することになった出来事であり、ある人は「大きな宗教儀式のよう」だったと表現した。

この第四の話し方と聞き方は**プレゼンシング**（presencing）と呼ばれる。これは、何かが生じるプロセスにあるものを感じとること（sensing）と十分に存在すること（present）を組み合わせた造語だ。[17] この場合、自己や相手の内部にいる立場から、特定の一つの考えや一人の人にだけ注意を払うのではなく、より大きなシステムの視点から聞く（「今ここで気づくことは……」）。プレゼンシングが起きている集団にいると、まるで人と人とを隔てる境界が消え去ったかのようになる。そのため誰かが話せば集団全体やシステム全体の何かを明確に表現しているかのようになり、聞く人は集団全体やシステム全体の話を聞いているかのようになる。オチャエタはビジョン・グアテマラのチームの中核メンバーではなかったし、彼個人の体験を話したわけだが、チームは彼の話として聞いたのではなかった。自分たちが注意を払い、取り組まなければならないグアテマラの現実の決定的に重要な一面の表れとして聞いたのだ。

ディエス・ピントと私は、この五分間の沈黙の意義について延々と話し合った。彼女は現地のキチェ族の聖典『ポポル・ヴフ』からこういう一節を引用した。「我々は考えを一つにまとめることはしなかった。我々は目的を一つにまとめた。そして合意し、次に決定した」。彼女と私は、オチャエタの話があったからチームが個別の考えや体験を脱して共通の目的を見つけることができたし、この目的があったから、違いがあったにもかかわらず、チームがその後何年も協力できたと考えた。プレゼンシングは、私たち個々の全体を含み、かつ超越した一つの全体の潜在能力を感じとって共有することだ。

以上の話し方と聞き方の四つのモードはどれも妥当で有益なものだ。一つのモードだけ採用する必要があるというのではなく、四つのモードをなめらかに流動的に切り替える必要があるのだ。もし、四六時中ダウンローディングや討論をしていたら、既存の現実を再現しているだけになってしまう。これまで考えてきたことを考えつづけ、これまでしてきたことをしつづけることになる。新しい現実を共創したいなら、少なくともある時間はダイアログとプレゼンシングをする必要がある。

第7章

ゲームに足を踏み入れる

——第三のストレッチ

The Third Stretch Is to Step into the Game

敵に出くわしたら、そいつは僕らだった。

——ウォルト・ケリーの漫画『ポゴ』より[1]

第三のストレッチは最大のストレッチだ。サイドラインの外から**ゲーム・フィールドに足を踏み入れる**ことになる。複雑な状況で重要な物事を成し遂げたいなら、傍観しているばかり、人を責めたり、言いくるめたりしているばかりというわけにはいかない。自分も足を踏み入れなければならないのだ。

従来型コラボレーションでは、他者の行動を変えようとすることが焦点になる。この他者とは、コラボレーションという集団活動がターゲットにしている外部の人々のこともあれば、行いを変えるべきだとこちらが思っている仲間の協働者《コラボレーター》のこともあるだろう。このアプローチは、コントロール下にある単純な状況なら、すなわち他者の行動を変えられる場合なら、うまくいく。しかし、複雑でコントロールされていない状況の場合、自らの行動に、すなわち自分たちの何が今の事態の一因になっているのか、今の事態を変えるためにやり方を変える必要があるのは何なのかに焦点を置き直す必要がある。

足を踏み入れるということは、隔たりと行動の自由が減り、つながりと対立が増えるということだ。それはスリルや怖さを感じることにもなりえる。

「あの人たちが変わらなければならない！」

二〇〇五年から二〇〇六年の間、私はインドで子どもの栄養不良を減らすという野心的なコラボレーションの共同リーダーの一人を務めた。バヴィシュヤ・アライアンスという名称で、インド政府機関、国連児童基金（ユニセフ）、多国籍企業、インド企業、現地の非政府組織やコミュニティ組織など二六組織で構成される取り組みだった。これらの組織から五六人が「ソーシャル・ラボ」での八週間にわたるフルタイムの仕事に割り当てられた。このチームの任務は、革新的な組織横断型の栄養不良低減構想のスタートとなる案を複数共創することだった。バヴィシュヤは、最初の六年間で、インドの栄養不良問題に有意な影響を与えた一連の構想への取り組みを成功させ、セクター横断型コラボレーションの重要な事例となった。[2]

しかし、バヴィシュヤが私に与えた最大の影響は、最初の八週間がうまくいかなかったことだ。

このラボは大いに期待されて、それだけに大きなプレッシャーを受けて始まった。参加組織は、この込み入ったプロジェクトを始動させるのに多くの資金を注ぎ込んだ。ある時点で、私は取り組んでいるものの複雑さに圧倒され、ビジネスパーソンであり公務員でもあるアルン・マイラに助言を求め、私たちがやろうとしていることの正体は何なのか聞いたところ、こう答えが返ってきた。「忘れてはならないのは、ステークホルダーのリーダーが集まって問題に取り組む場合、まずたいていは、一人残らずこう考えているということだ。ほかの人たちが自分の考えや行動を変えてくれさえすれば、問題は解決するのに、とね。だが、全ステークホルダーが問題に関わっている以上、責められる他者はいないということになる！　ここで必要なイノベーションの本質は、このリーダーたちに自分自身がしていることをどう変える必要があるか、よく考えてもらうことなんだ」

構想を提出する期限が近づき、ストレスが増し、現状のプロジェクト設計ではうまくいかないのではないかと私は心配しはじめた。そして私のリーダーシップは萎縮し、頑なになった。チームとは距離を置くようになり、私の現状理解とそれを綿密に処理する能力は低下した。しかし、もっとしっかり計画を守り、もっと頑張れば、仕事の目標を達成できるのではないかと考えていた。

八週間のプロセスの最終日に、私たちは会議を開催し、参加組織の長（ラボチームのメンバーの上司）に四つの構想を提案した。チームは懸命に働いて疲労困憊していたが、ここまでたどり着いたことに満足していた。

ところが、上司たちの見方は違っていた。数名がチームの提案を酷評し、根拠は確かなのか、実現性はあるのか疑った。その日の終わりには、チームの仕事はすべて却下されたも同然になった。チームは困惑し、動揺した。私は打ちのめされた。

この心外で腹立たしい結末についてチームは三日間かけて検討した。全員が落胆し、傷ついていた。メンバーの多くは、うまくいかなかったことを私のせいにした。それまでの自分の人生でこのときほど屈辱と怒りを感じたことはなかった。

私はインドを発って帰宅した。それから何カ月も、あんなにひどい扱いを受けるなんてと気に病んだり、どうやって雪辱を果たしてやろうかと空想にふけったりしない日は一日もなかった。自分がいくつか間違いを犯していて、そういう状況の扱い方を変える必要があることは認識していたが、自分は犠牲になった、ほかの人たちも変わる必要があると思っていた。ほかの人たちも同じことをしないかぎり、私だけ努力することを期待される筋合いはないと思っていたのだ。

そんなある日、哲学者のマルティン・ブーバーが書いた小冊子をたまたま手にした。それには次のような一節があった。

人は自分を他の人たちと比べる存在として見るばかりで、自分の変容が世界の変容の一助となるようなほんとうの意味での人間として自分を見ようとしない。この視点には根本的な誤りがある。肝心なことは、自分自身から始めることであり、このとき人は、この始めること以外は一切何も気にかける必要がない。それ以外のいかなる態度も、今始めようとしていることからその人の気をそらし、その自発性を弱め、大胆な企ての全体を挫折させるばかりである。[3]

これを読んで、私はまさにこの根本的な誤りをしでかしていると気づいた。自分がしなければならないことから自分で自分の気をそらしていた。自分が敵と見なしている人たちが何をすべきかに注意を向けることは自分にとって得策ではなかった。自分が直面している課題を効果的に処理するためには、自分の行動をどう変えるべきかに集中する必要があった。

これは私自身にもほかの人にもよく見られる行動パターンだ。難しい状況にぶつかると、私たちは何よりもまず真っ先にほかの人々がしていること、していないこと、すべきことに注意を向ける。マイラが述べたように、私たちの習慣的な思考は、「あの人たちが変わらなければならない！」なのだ。変えたい相手は遠くにいることもあれば、すぐ近くにいることもある。特定の個人のこともあれば、不特定の人々のこともある。相手を友人と思っていることもあれば、敵と思っていることもある。ユーモア作家のジェローム・K・ジェロームは、「私は仕事が好きだ。仕事は私を魅了する。何時間でも座って仕事を見ていられる」[4]と書いている。人を責めるのは、自分の仕事をすることを避けるためのよくある怠惰な手段だ。

私が最も頻繁に聞かれるコラボレーションの質問は、「どうすればあの人たちに……させることができますか？」だ。この質問は、私たち対あの人たち、友人対敵、英雄対悪者、善対悪、無罪対有罪など、階層的な白黒をつけるマインドセットを露呈している。しかし、非階層的でコントロールされないストレッチ・コラボレーションでは、誰にも何もさせることはできないから、違うアプローチをとる必要がある。

私たちが他者を非難し、敵化するのは、自己弁護のためであり、自分を定義するためでもある。身の回りで起きていることを劇にたとえれば、私たちは、その劇の中心にいる主役のように自分を中心として見る。だから、異議を唱えられると、自己弁護しなければならないと思い、個人攻撃であるかのように反応してしまう。傷つくのが怖いから、こちらが正しく、相手が間違っていると主張して自分を隔離し、かくまうのだ。こんな人たちと協働したら、悪影響を受けるとか信用を落とすことになるのではないかと――自分が支持するものや自分が何者であるかを裏切ることになるのではないかと恐れる。

哲学者のルネ・ジラールは、ウェブサイト「レーヴン・レビュー」の記事で論じられているように、人はコミュニティ内の対立や自分の心の葛藤を処理するのを避ける手段として敵をつくりだすと言う。


私たちは……私たちの暴力性をコミュニティ外部のスケープゴートに投影することで内部の対立をコントロールする……スケープゴートを有効利用できるかどうかは、この「敵」のなかに悩みの原因と解決策を見出したというコミュニティの確信度合いによって決まる。敵を滅ぼすか追放すると、「コミュニティ」は安堵感と落ち着きを取り戻す。しかし、スケープゴートは排除される元となった対立の真の原因でも解決策でもなかった

状況と関係する二種類の方法

状況を演じている俳優を指揮する**演出家**か、俳優を見ている**観客**
——状況から離れている（上か外）

状況の**共創者**
——状況の一部（内部）

のだから、その落ち着きは一時的なものでしかない……私たちのアイデンティティ、特に自分が善良であるという感覚は、ほかの誰か、もしくは何かとの対比に……左右されることがあまりにも多い……私たちは、自分が善であると知るために自分以外の誰かや何かが悪である必要があり、それが実際に悪であるかどうかは別問題である。[5]

敵化の問題は、敵がどこにもいないことではない。私たちの前には困難や危険をもたらす人や状況がしょっちゅう現れる。さらに、世の中に変化を起こそうとする努力は何にしろ、不快感や抵抗、反対を生み出す。敵化のほんとうの問題は、それが私たちの注意をそらし、私たちをアンバランス（非平衡）にすることだ。厄介な相手は避けられない以上、こうした困難は存在することを前提に、自分自身が次に何をするか決定することにだけ集中する必要がある。

問題の一因でない人は、問題解決に参加しようがない

ある状況と私たちとの関係や私たちがそこで果たす役割を理解する方法は二つある。一つは、自分の役割を舞台の俳優たちを指揮している劇の**演出家**か、劇を見ている**観客**のようにとらえる方法だ。どちらの場合も、自分は状況から離れ、状況の外にいるものととらえ、状況は上から（演出家によって）つくられるものととらえている。俳優たちが劇のクリエイターであるの

に対して、演出家は最高位のリーダーまたはスーパークリエイターだ。

もう一つは、自分の役割を俳優の役割のように、あるいはブラジルの舞台演出家、アウグスト・ボアールが上演する観客参加型の演劇「スペクトアクター」（spectator〔観客〕とactor〔俳優〕を組み合わせた造語）のようにとらえる方法だ。[6] この場合、自分を状況の一部であり、状況の内部にいるもの――今起きていることの共創に参加している人の一人――ととらえる。

ストレッチ・コラボレーションでは、私たちは**共創者**だ。そして、この役割を担う場合に、自分のバランスがとれる範囲にかぎり、状況に影響を及ぼすには何をすべきか賢明な決定ができる。

私たちは、自分を無視すると、すなわち自分ではなく他者が何をすべきかに注意を向けると、アンバランスになる。他者から自分に注意を向け直すと、自分を解放し、自分に力を与えることができるという恩恵がある。さあ、これで変化を起こす直接的な機会が手に入った。人をとがめて、仕事をさせようと強要したり、おだてたり、待ったりするのではなく（いずれもめったに成功しない）、自分の仕事をせっせとこなしていけばよい。

自分の仕事を進めていくには、自分の役割と責任を見つめ、認めることが求められる。リーダーシップの研究者、ビル・トルバートは私にこう言ったことがある。「昔の活動家は『問題解決に参加しない人がいたら、その人は問題の一部だ』と皮肉を言ったけれど、もっと大事な点を見落としているよ。問題の一部でない人は、問題解決に参加しようがないということをね」。

自分の行動の何が今の状況の一因になっているのか把握しないかぎり、上からの強制を除けば、その状況を変えようがない。

したがって、ストレッチ・コラボレーションでは、解決しようとしている状況から離れた存在としてではなく、その一部として自分を見ることが求められる。もののたとえだが、帰宅が遅くなることを家に電話して伝えるとき、私は「渋滞にはまったから」と言うこともできるし、「私が渋滞の一部だから」と言うこともできる。後者の表現は、ほかの人たちと協力して状況を変えるという私の選択肢をはっきりと開示している。

人は、自分を世の中の中心と見ることによって、逆の方向にアンバランスになることもある。自己中心性とは、自分の考え方や行動の正しさと価値を傲慢に過大評価し、他者のそれは過小評価することを意味する。この姿勢はコラボレーションを妨げる。自分が身を置いている状況と自分がすべきこととの理解をゆがめ、軽視している相手との対立を生み出すからだ。

人は、立場やアイデンティティを失うことを恐れるとき自己中心的に偏狭になる。単に失敗することを恐れるよりも、人は失敗者になることのほうを恐れるものだ。さらに、人々がとても大切にしているアイデンティティの多くは（エキスパート、プロフェッショナル、権威者、リーダー、英雄など）、自分を階層制の上位に置くか、他者から切り離すものだから、やはりコラボレーションを妨げる。他者と、特にこちらに賛同しない人、こちらを好きではない人、信頼しない人と協働するには、同輩として対等な者として、肩を並べて相手の仲間になることが求められる。アニャ・ケーネの言葉を借りれば、「存在の条件としての優越感」を捨てることが求められるのだ。

アルン・マイラはよく私に自己中心性の落とし穴を思い出させてくれた。「物事をあまり個人的に受け取らないほうがいい。片づけなくちゃならないことはいろいろ起きるが、全部が全部自分の問題と考えても役に立たない」とマイラにたしなめられたことがあった。またあるとき、私たちがやっている大規模な変革の仕事が効果を出しているかどうか、どうすればわかるかと聞いたことがあった。「自分が何かを変えていると証明したいと望むのはうぬぼれだ」とマイラは言った。「ヒンドゥー教の聖典『バガヴァッド・ギーター』の重要な一節を覚えておくといい。『仕事は汝のものだが、その成果は汝のものではない』[7]。この助言を聞いて、自分の仕事は誠実に行うが、自分にはどうにもならない結果の責任は負わなくてよいのだと私は解放された。

ニワトリではなくブタになれ

第三のストレッチの本質は、変えようとしている状況で自らが果たしている役割に対する責任と、だからこそ状況が変わるために自分のやり方を変える必要があることに対する責任を引き受けることだ。このストレッチは難問だ。状況のまぎれもない一部であるという意識で状況に関わり、その結果、自分が変わらざるをえない、傷つくというリスクを負わなければならないからだ。知っている、慣れ親しんでいる、快適、安全と感じているものを犠牲にしてもかまわないという意志が求められるのだ。「ハムオムレツでは、ニワトリは（卵を供することで）関与しているが、ブタは身を捧げて尽くしている」という軽口がある。単なるニワトリではなくブタになれ。ストレッチ・コラボレーションは私たちにそう求めるのだ。

一五年前、私はパラグアイの僚友、ホルヘ・タラベラと一緒に連続ワークショップを開催したことがあった。私はスペイン語が、彼は英語があまりうまくなかったので、私たちのコミュニケーションは簡潔で要点に絞ったものにならざるをえなかった。私たちは、ワークショップでチームの活動が急に進みはじめる瞬間に注意を払っていた。私たちはそれを「エル・クリック」（カチッという音という意味）と呼んだ。このクリックが起こるのは、チームが取り組んでいる状況が変わるためには、ほかならぬメンバー自身が変わらなければならないことに、たいていは驚きながら、しばしばうろたえながらチームメンバーが気づく瞬間であることを目の当たりにした。

このクリックの効果は自分の仕事でも経験してきた。怠惰に今の状況を人のせいにしているとき、私は幸せを感じないし、我が身を無力だと思う。一方で、今の状況に対して自分ができることを理解して、それに尽力するとき、私は俊敏で活力に満ちていると感じる。こういうときにはいつも現状を変えることに成功するという意味ではない――ただ成功の頻度は上がる。

私が真剣に身を投じてきたプロジェクト（バヴィシュヤをはじめ、本書で紹介したプロジェクトなど）は、私に最大の影響を及ぼしたものであり、教えられたこともきわめて多かった。

サイドラインの外からゲームに足を踏み入れるために欠かせない習慣は、自分の言動によく注意することだ。自分が人を非難していると気づいたら――相手の現状の行動に、行動をこう変えてほしいという希望や、こう変えなければならないという要求に焦点を当てていると気づいたら――自らの行動や自分がやり方を変える必要があることに注意を戻さなければならない。人を動かそうとすることが今やるべきことという場合もある――しかし今は、私たち全員が属している状況で自分が果たす役割に対して責任を引き受けているし、その役割を変える気にもなっている。人のことが気になって自分の気が散っていると気づいたら、そのたびに単純な問いに戻ろう。次にしなければならないことは何だろうか？

結論
ストレッチを身につけるには

How to Learn to Stretch

本書は、もっと集団的な行動をとることと、もっと個人的な責任をもつことの両方を求めるものだ。あらゆる領域で、すなわち、家庭でも仕事でも、地域の問題、国の問題、世界の問題を問わず、私たちが物事をやり遂げたいなら、仲間や友人だけでなく、反対者や敵対者とも、ますます協働する必要があるというのが本書の主張だ。そして、そのような複雑で、相容れない、コントロールされていない状況で協働できるようになるには、ストレッチする必要があると述べてきた。

前章までは、ストレッチの方法について概念を紹介してきた。この結論の章は、その考え方を採り入れ、実践するための手助けをすることが目的だ。

ストレッチ・コラボレーションは他者と協力する方法だが、従来のものとは異なり、次の三つの基本的な変化が必要になる。

第一のストレッチ、**対立とつながりの受容**では、**力**《パワー》と**愛**《ラブ》という補完し合う衝動を、どちらか一方だけ選ぶのではなく、両方とも使わなければならない。力は、自己実現の衝動であり、断固として**主張する**ことで表現される。愛は、再統合の衝動であり、相手と**関わる**ことで表現される。この二つの衝動を同時にではなく交互に使う必要がある。

第二のストレッチ、**進むべき道の実験**では、現状を強化する**ダウンローディング**や**ディベート**に偏るのではなく、新しい可能性を浮上させる**対話（ダイアログ）**と**プレゼンシング**を用いることが求められる。つまり、話すこと、聞くこと、特に聞くことを狭めずにオープンにしておくということだ。

第三のストレッチ、**ゲームに足を踏み入れる**では、傍観したまま、他者を変えようとしかしないのではなく、活動に飛び込み、自分が変わろうとすることが求められる。

この三つのストレッチは、染みついた行動を変えなければならないものだから、ほとんどの人にとってなじみがなく、違和感のあるものだ。新しい行動を習得するには繰り返し練習あるのみ。そして練習の手始めは、単純な新しい行動をいくつかやってみて、何がうまくいき、何がうまくいかないかに注目し、調整しながら繰り返し、そこから築き上げていくことだ。この練習をするには、好奇心をもって行動すること、オープンであることが必要だ。即興演劇で、そのとき起こることを受け入れて、変化に身を任せるかのように。さらにまた、自分のしていること、自分が及ぼしている影響を観察し、果敢に自分を省みることも必要だ。自分をよく知っており、協力してくれる仲間や友人に頼んでフィードバックをもらおう。

たとえば、次に挙げる六週間の訓練プログラムをとおして、三つのストレッチの練習を始めるとよいだろう。[1] まず、以下のものを準備してほしい。

- 新しい行動を試してみようというやる気
- ユーモアのセンス
- ノートとペン（メモをとれば何でも可）
- 仲間や友人

ここに挙げる訓練プログラムは、一人で行い、仲間にフィードバックをもらうことを前提にしているが、誰かと一緒に、あるいはグループで行ってもよい。その場合は、相手や仲間の経験からも学びがあるだろう。

この訓練プログラムを行う場合にぜひ習慣にしてほしいのは、毎日時間をとって観察と振り返りを書き留めることだ。この日誌はノートに書くもよし、携帯電話やコンピュータに入力するもよし、何でも自分がやりやすい方法でかまわない。なにしろ、新しい行動を起こすには現在の行動を意識的に認識できるようになるしかないのだから、肝心なのは時間をとって毎日振り返ることだ。人によっては毎日同じ時間に（たとえば夜に）日誌をつけたほうが有益な場合もある。

始める前に全体像を把握したければ、すべての訓練プログラムに目を通してから第一週にとりかかるとよい。逆に、とにかく第一週の訓練プログラムに飛び込んで、進みながら全体像がはっきりしてくるのを感じるという方法でもかまわない。

第一週　第一のストレッチ

力と愛を使うためのベースラインを確立する

1　家庭、仕事、コミュニティで、コラボレーションに費やしているすべての時間を思い浮かべましょう。そのうち主として**力**を用いて**主張している**（愛を用いて相手と関わるのは副次的にすぎない）時間はどれくらいでしょうか。その逆に、主として**愛**を用いて相手と**関わる**時間はどれくらいでしょうか（二つの数字の合計が一〇〇％になるように）。正直に自己評価すること。これは現実にとっている行動に対するものであって、どう行動したいかではありません。

▼人と一緒に仕事をしているとき、主として**力**を用いて**主張している**時間は何％くらいか？

▼主として**愛**を用いて相手と**関わっている**時間は何％くらいか？

▼この二つのふるまい方のうち、自分が気楽で自然体だと感じるのはどちらか？

▼家庭、仕事、コミュニティなど、状況が変わればふるまい方も変わるか？

2　同じ質問に沿って誰かに自分への評価を書き留めてもらいましょう（この時点では、その人に自己評価はまだ教えないこと）。

3　その人に会って、次のことをしてみましょう。

▼自己評価を共有する。

▼その人の自分に対する評価を教えてもらう。

▼二つの評価の違いを話し合う。

▼メモをとる。

▼週末にまた話し合う時間を決める。

4　一週間、人と一緒に仕事をするときの自分の行動を観察してみてください。毎日時間をとって観察と振り返りを書き留めましょう。

5　週末になったら、一週間の観察を最初の自己評価や他者評価と比較してください。気づいたことを書き留めましょう。

6　他者評価をしてくれた人と話し合い、観察と気づきを共有してください。相手にフィードバックを求めましょう。

第二週　第一のストレッチ

力と愛のバランスをとる
（但し、強いほうの衝動を弱めるのではなく、弱いほうを強めること）

1　第一週の行動で弱い面を表しているものをリストにしましょう。つまり、副次的で違和感のあるほうのふるまい方（相手と関わる態度か、主張する態度のどちらか）です。

2　リストから今週の練習対象にする三つを選びましょう。特に強い面に偏るとリスクがあると感じるときに、弱い面を発揮し、強化することが狙いです。

3　誰かに今週練習する行動を話してください。その人にフィードバックを求めましょう。

4　週末まで、誰かと一緒に仕事をするときは、選んだ三つの行動を練習してください。毎日時間をとって観察と振り返りを書き留めましょう。

5　週末になったら、今週練習する行動を話した相手と話し合い、観察と気づきを共有してください。相手にフィードバックを求めましょう。

第三週　第二のストレッチ

話し方と聞き方のベースラインを確立する

1　家庭、仕事、コミュニティで、コラボレーションに費やしているすべての時間を思い浮かべましょう。そのうち、四タイプの話し方と聞き方それぞれを用いている時間はどれくらいでしょうか（四つの数字の合計が一〇〇％になるように）。正直に自己評価しましょう。これは現在の行動に対するものであって、どう行動したいかではありません。

▼人と一緒に仕事をしているとき、**ダウンローディング**、すなわち、これが真実だ、安全だ、礼儀だと話し、人の話に耳を貸さない時間は何％くらいか？

▼**討論（ディベート）**、すなわち、自分が本気で思っていることを話し、人の話は何が正しいか判断するために聞く時間は何％くらいか？

▼**対話（ダイアログ）**、すなわち、自分がこう考える経緯を話し、人がそう考える

▼経緯を聞く時間は何％くらいか？

▼**プレゼンシング**、すなわち、今の状況全体で生まれつつあると認識していることを話し、聞く時間は何％くらいか？

▼この四つのうち、自分が最も気楽で自然体だと感じるものはどれか？　最も違和感があるのはどれか？

▼家庭、仕事、コミュニティなど、状況が変わればふるまい方も変わるか？

2　同じ質問に沿って誰かに自分への評価を書き留めてもらいましょう（この時点では、その人に自己評価はまだ教えないこと）。

3　その人に会って、次のことをしてみましょう。

▼自己評価を共有する。

▼その人の自分に対する評価を教えてもらう。

▼二つの評価の違いを話し合う。

▼メモをとる。

▼週末にまた話し合う時間を決める。

4　一週間、人と一緒に仕事をしているときの自分の話し方、聞き方に注意を払ってみてください。その際、次の話し方の特徴に着目しましょう。ダウンローディングしているときは「真実は……」で、討論しているときは「私の意見では……」、対話しているときは「私の経験では……」で、プレゼンシングをしているときは「今ここで気づくことは……」で切り出しているでしょう。毎日時間をとって観察と振り返りを書き留めましょう。

5　週末になったら、一週間の観察を最初の自己評価や他者評価と比較してください。気づいたことを書き留めましょう。

6　他者評価をしてくれた人と話し合い、観察と気づきを共有してください。相手にフィードバックを求めましょう。

第四週　第二のストレッチ
話し方と聞き方をダウンローディングや討論から対話やプレゼンシングに変える

1　一週間、人と一緒に仕事をしているとき、対話とプレゼンシングだけを用いてみてください。ダウンローディングやディベートになっているなと自覚したら、対話（「私の経験では……」）かプレゼンシング（「今ここで気づくことは……」）に切り替えるようにしてください。毎日時間をとって観察と振り返りを書き留めましょう。

2　週末になったら、周囲の人と話し合い、観察と気づきを共有してください。相手にフィードバックを求めましょう。

第五週と第六週　第三のストレッチ
サイドラインからゲームに踏み込む

1　自分が関与していて、行き詰まっていると思われるコラボレーションによるプロジェクトやイニシアチブを思い浮かべましょう（家庭、仕事、コミュニティどれでも）。

2　次の二つの異なる観点から、そのプロジェクトで起こっていることの描写を書き出してください。

▼まず、その状況を**外部から観察**している、あるいは**指揮している**かのように描写する。他者が行っていることで現状の要因になっていること、状況の行き詰まりを打開して、前進させるために違うやり方をする必要があることを詳細に記述する。

▼次に、**内部からの視点**で、その状況に自ら**参加**し、それを**共創しているか**のように描写する。自分が行っていることで現状の要因になっていること、状況の行き詰まりを打開して、前進させるために違うやり方をする必要があることを詳細に記述する。

3　今度は、そのプロジェクトに関連して自分が現在とっている行動のすべてを大小問わずリストにしてください。作成したリストに目を通して、一つひとつの行動が主として第一の観点（**観察者**または**監督者**）からとっているものなのか、主として第二の観点（**参加者**であり**共創者**）からとっているものなのか判断しましょう。

4　二つの描写と行動リストを周囲の人と共有してください。相手にフィードバックを求めましょう。明確で鋭い分析だと思うことは何でしょうか？　不正確ではないか、見逃しているのではないかと思うことは何でしょうか？

5 リストから第一の観点（観察者または監督者）に起因する行動を二つ選んでください。共創者としての役割を強化するために、二つの行動それぞれに対して、捨て去るか（何かで置き換えることなくやめる）、改変するか（機能はそのまま果たすように）判断しましょう。

6 リストから第二の観点（共創者）に起因する行動を選んでください。共創者としての役割を強化するために、その行動をどうすれば強化できるか判断しましょう。

7 次の二週間、この自身の行動に関する三つの変容を実践してみてください。毎日時間をとって観察と振り返りを書き留めましょう。

8 各週末になったら、周囲の人と話し合い、自分の観察と分析を共有してください。相手にフィードバックを求めましょう。

進むべき道

こうした新しい行動をしばらく練習し、違和感がなくなってきたら、より複雑で対立もある状況で試してみよう。自分の行動が意図した結果を生むこともあれば、そうならないこともある。目標は、非の打ちどころのないコラボレーションをすることではなく――社会活動では、そんなことは不可能だろう――自分のしていること、自分が及ぼしている影響への自覚を高め、より迅速に行動修正し、学べるようになることだ。そうすれば、無意識の無能から有意識の無能へ、有意識の能力から無意識の能力へと移行できるだろう。

ストレッチを学ぶときに直面する第一の障害は、習慣的な物事のやり方の慣れ親しんだ快適さに打ち克つことだ。「こうあらねば」という平叙文から「こうもできそうだ」という仮定文に移行する必要がある。自分の意見、立場、アイデンティティへの愛着をゆるめる必要があるのだ。より大きく、自由な自己のために、小さく、窮屈な自己を犠牲にするということだ。したがって、こうしたストレッチは恐怖感と解放感の両方を与えるだろう。

太極拳の指導者、ウルフ・ローウェンタールは、太極拳の推手についてこう語っている。

いかに手ごわく、屈しない敵だとしても、穏やかに対することができないということは、自分自身の行き詰まりを暗示しています。推手の主眼点は、行き詰まりの探求であり、最終的には行き詰まりの解消です。勝つことではありません。ほんとうに戦うべき「試合」は自分自身との試合です。人生で目を背けている問題が肉体となって現れているものに対峙することになるのです。この自己との対決に進歩の可能性があります。この機会を与えてくれたことを敵に感謝しましょう。[2]

ということは、コラボレーションを学ぶときも、自分の敵だと思う人が、意外にも、協力的な役割を果たす可能性がある。ストレッチ・コラボレーションでは、異質な他者から遠ざかるのではなく、そういう人に向かっていくことが求められる。最も難しいと感じるような状況、すなわち、こちらの期待するように相手が動かず、いったん休止して新しい前進の道を見つけざるをえないときこそ、学びが最大になる。

そう、敵は最大の師になりうるのだ。

監訳者による解説

「対話が最善の選択肢ではない」

二〇一六年八月日本で行われたカンファレンスにビデオ出演したアダム・カヘンの発言に、会場が一瞬凍り付きました。アダム・カヘンと言えば、アパルトヘイト後の黒人政権移行の難題を抱えた南アフリカや暴力に揺れるコロンビアにおいて対話ファシリテーションを行い、それぞれ故マンデラ元大統領、サントス大統領らが後にノーベル平和賞受賞にいたる国家作りの基礎を支えた人物です。対話の世界的第一人者から何が学べるかと地域や組織における対話ファシリテーションに取り組む人たちが会場に大勢集まっていました。

「アダム、どうしちゃったの？　もうかつてのあなたではないの？」会場から悲痛に満ちた質問がアダムへと向けられました。アダムは静かに「ええ、私は変わったのです」と答えました。

ちょうどその頃、彼は本書の第一稿を書き上げたばかりでした。講演の内容は、本書にあるとおりそれまでの対話の常識に疑問を投げかけ、新しい対話ファシリテーターのあり方について提起するものだったのです。

もちろん、彼は対話を見限ったわけではありません。アダムは今でも世界各地で対話ファシリテーションを続けていて、そしてそれは今まで以上に効果的なものになっているようにすら感じます。対話は多様な参加者たちの能力向上と成長のプロセスでもあります。そして、ファシリテーターもまた、能力向上と成長が継続的に求められることを、彼は自ら体現して示してくれました。

前作までの振り返り

アダム・カヘンの著作の遍歴は彼自身の成長の過程でもあります。二〇〇四年の処女作は*"Solving Tough Problems"*（邦題：手ごわい問題は対話で解決する）でした。この著作の大きな貢献は、行き詰まった状況において、システム全体を代表する多様な関係者を集めた「対話」という手法が効果的であった数多くの事例と方法論を示したことです。通常私たちが事業やマネジメントを行う際の思考・行動慣行では、社会的・生成的な意味での複雑な問題には上手に対処できません。アダム自身も合理的な分析者あるいはシナリオ・プランナーから対話ファシリテーターへと転身する機会となったのがモン・フルー・プロジェクト（一九九一〜一九九二年）です。参加した人たちは、このプロジェクトで描いたシナリオとビジョンをベースにしてアパルトヘイト廃止後のマンデラ大統領による南アフリカ民主化と経済運営の舵取りを成し遂げ、国際的にも大いに注目されました。これを機に、アダムは世界各地での多様な関係者間にある問題に対処するため、数多くの対話をファシリテーションしていきます。

最も印象的な事例の一つがビジョン・グアテマラ・プロジェクトでした。彼は事例で起きた関係者たちの構成する場の変化を、オットー・シャーマーの「四つの話し方・聞き方」というフレームワークを用いて説明していきます。人々が効果的に話し合うには、命令と儀礼的な会話にあふれる第一段階「ダウンローディング」から、率直に話す第二段階「討論」へのシフトを要します。しかし、対話となるには話すばかりでは不十分であり、オープンな聞き方も求められます。第三段階「内省的な対話」は、共感的に聞き、内省的に話すことで起こり、そしてそれぞれが自らの卵の殻を破り、境界ない聞き方と生成的な話し方をするようになると第四段階の「生成的な対話」が現れます。対話の場がどのように各段階を変遷していくかの様子と、参加者たちによる場のシフトの条件付けのためにファシリテーターにできることをわかりやすく示唆しています。

アダムが第一作で意図していたのは、新しい社会的現実を創造する鍵として、心を開き、自己を理解し、人に共感すること、そして置かれている文脈やそこで必要とされることを理解することにありました。しかし、それでは危険なほど不十分であると振り返って執筆したのが二〇一〇年出版の第二作、*"Power and Love"*（邦題：未来を変えるためにほんとうに必要なこと）です。「愛なき力は無謀で乱用をきたすものであり、力なき愛は感傷的で実行力に乏しい」とのキング牧師の発言の引用に端的に表される通り、極めて困難な問題に対処するためには、対話などの「愛（統一の衝動）」だけではなく、「力（自己実現の衝動）」も発揮しなければならないことを強調しています。

愛だけでは不十分であった事例として、インドの保健衛生問題に関するプロジェクトやイスラエル、パレスチナでの失敗を紹介します。また、愛と力を二つの足にたとえ、前進するためには愛と力を交互に使うこと、そして最初は転び、よろめくこともあるが、強すぎる足を抑え、弱い足を強めることで歩いて行く様子を新しい事例を交えて紹介していきます。そのハイライトとなるのが食料システムに関する企業・NGOなどのコンソーシアム「サステナブル・フード・ラボ」の事例でした。

方法論の側面では、アダムは二〇〇三年頃から「U理論」を多用し始めており、その展開がこの第二作では描かれています。U理論は、オットー・シャーマー、ピーター・センゲ、ジョセフ・ジャウォースキー、ベティ・スー・フラワーズらが開発した個人と組織・社会システムの変容を促す社会テクノロジーです。多様な利害関係者達が集まり、観察、内省、対話、実験、学習をしながらその過程で共有したビジョンを実現するプロセスです。最初の共感知フェーズでは思考・心・意志を開いてシステムを徹底的に観察します。ついで、共出現フェーズでは前進を邪魔するものを手放し、自らが何者か、なすべきことは何かについて深い洞察を得て、新しい行動のタネを手に入れます。そして、共実現フェーズでは、プロトタイプをつくり、学習を重ねて、より大きな規模でのシステム変容につなげます。もともと過去の事例の観察・探求から抽出したU理論を意図的に活用した最初の大規模事例がサステナブル・フード・ラボであり、社会改革に向けてリーダー達の個人的な変容を促しながらさまざまなイノベーションをもたらしました。以降、「チェンジ・ラボ」、「ソーシャル・ラボ」といったアプローチも各地で展開しています。

二〇一四年に出版された第三作"*Transformative Scenario Planning*"（邦題：社会変革のシナリオ・プランニング）では、このU理論の枠組みをもってアダムのこれまで行ってきたシナリオ・プランニングを振り返っています。従来型の手法、すなわち、アダムがシェルで学び実践した手法は「適応型シナリオ・プランニング」として位置づけられ、演習に参加する利害関係者たちは外的環境のシナリオを選択できない前提のもと、環境変化への適応について探求します。それに対して、アダム・カヘンが南アフリカのモン・フルー・プロジェクト以来実践してきたのは、外的環境にも十分影響を与えうる多様で有力な利害関係者たちを集めた演習であり、参加者たち自身の変容と協働への意志が十分強く働けば、望ましいシナリオを共に実現しうるということが示されました。この参加者たちの変容プロセスはU理論をなぞったものであり、アダムはこの掛け合わせの手法を「変容型シナリオ・プランニング」と命名しました。

シナリオ・プランニングは、「脆弱・不確実・複雑・あいまい（VUCA）」な未来環境において、ビジョンと変化の理論を築くのに有効です。また、意見が異なる多様な利害関係者の間で、共通のビジョンや変化の理論へのコミットメントを得ることは必ずしも可能ではありませんが、複数の起こりうる未来について描くシナリオは相対的にアウトプット目標として定めやすいのもメリットの一つです。第三作では変容型シナリオ・プランニングを進めるステップ毎に、従前の事例に加えジンバブエなどの新事例を使って、実践の様子を紐解き、指南する構成になっています。

新作の背景

第三作の日本語版を発刊した二〇一四年秋、アダム・カヘンの来日公演が行われました。アダムは過去三二年にわたって日本を度々訪れ、一時期東京に住んで日本のシンクタンクに勤めていた経験もあります。そのときの来日で彼が紹介したのは二〇一三年の、政情不安に揺れるタイの市民グループとのシナリオ・プランニングの体験でした。この事例では、多様な市民で構成される参加者たちは「適応する」「強制する」「協働する」の三つのシナリオを描き、それまでは適応か強制ばかりを進めていたタイ国民に対して「私たちは協働できる」と標榜して市民運動を展開し始めます。ところが、同年のうちに、タイでの対立は深まり、暴力的な衝突に発展して、軍事クーデターへと展開していきました。協働や対話の伝道師のアダム・カヘンにとって、単に愛と力を発揮するだけでも不十分だと気づかされ、そもそもの対話の位置づけから見直しを迫られるできごととなったのです。

そしてこの二〇一四年来日中に、日本での会話をきっかけに新作を書くことを決意します。何回かの試行錯誤を経て、解説冒頭で紹介したカンファレンス後の二〇一六年秋、京都に長期滞在して最終稿を練り上げます。折しも、英国EU離脱やアメリカのトランプ大統領選出など、政治や社会における分断が世界各地で表出している時期でもありました。まさに、同時平行的に起こる協働への渇望と分断化という二つの世界の潮流を背景に二〇一七年に発刊したのが本書 *"Collaborating with the Enemy"*（邦題：敵とのコラボレーション）です。

新作の特徴

新作となる本書の第一の特徴は、副題にもあるとおりいかに**賛同できない、好きではない、信頼できない人たちと協働するか**を提起することです。同僚、同志、仲間との協働は数多くありますが、そうでない人たちとはそもそも協働や対話の席につくことも難しいものです。しかしながら、今日多様性の重要性がより意識されるようになってきており、また、二極化・分断化が進みながら一極のみでは行き詰まりを迎え、仲間を超えた異なる人たちとの協働の必要性と機運が高まっています。そればかりか、アダムが本書で紹介するように、家族、同僚、関連部署や関連会社、連携パートナーなど、本来手を結ぶべき関係にありながら、当事者が互いに

敵化をしてしまっているという現象はここかしこで見られるようになってきました。本書は、仲間たちとだけでは解決し得ない難題に対して、どのように協働を働きかけ、実践するかをテーマにしています。

第二の特徴として、統一する**愛**の側面だけでなく実現のための**力**の側面にも目を向けることの重要性を提唱した第二作よりさらに踏み込んで、**対話が必ずしも最善の選択肢ではない**こと、そしてどのようなときに対話が最善になるかを論じています。利害関係者たちを招集する主宰者やファシリテーターたちは、協働や対話を行おうと目的を持った時点から、無意識にそれが最善であるという前提を持ちがちです。しかし、それぞれの利害関係者たちにとっては必ずしもそうではありません。招集される側のそれぞれの立場にたったとき、難題に対して協働以外にどのような選択肢があり、どのようなときに協働が魅力的でどのようなときにそうではないのか、フレームワークを提示しています。

そして本書のもっとも大きな特徴は、**ストレッチ・コラボレーション**という、従来型のコラボレーションを超える新たな対話の実践手法を提示していることです。従来型のコラボレーションでは、多くの場合次のような前提が暗黙的に置かれていました。

- チーム全体の利益と調和を重視しなくてはならない。
- チームで問題が何か、解決策が何か、戦略・計画は何かに合意することをめざす。
- 他者が行動を変えなければ状況に変化が起こらない。

これらの前提はいずれもチームあるいは協働でものごとを進めるうえで、ごく当然と考えられていたことのように思います。しかし、アダムはこのような前提に疑問を投げかけ、替わって新しい前提と行動の三つのポイントを本書で提唱しています。そして、それらの行動は対話の参加者とファシリテーターたちにとってストレッチを要するものとなっています。

前作までにあった主要事例をあらためて上記の視点から整理し、また、米州機構の麻薬問題の事例や本書執筆の構想に影響を与えたタイ政局など最新の事例も追加されています。同時に、これまでの著作で提示された重要なフレームワークも要約して読むことが出来るのが特徴です。

本書の活用法

本書はまず、単独でものごとを進めることに行き詰まりを感じ、**協働を進めたいと願う担当者、マネジャー、経営者**の方に有用でしょう。袋小路や平行線から翻って協力する必要性は、家庭でも近所でも職場でも、そしてビジネスのバリューチェーンやサプライチェーン、地域・国・国際社会などあらゆるところで起こりえます。本書では、多様な人々がどのように対話の場につき話し合って協働していくか、あるいはそれに失敗するかについての豊富な事例が掲載されています。

紹介される事例は、アダムがプロフェッショナルとして活躍する国家レベルや国際レベルのものに加え、トラブルに悩む家族レベルのものも出てきます。あるいは、みなさんは、もっと中間のレベルでの協働に取り組みたいとお考えかもしれません。そのときには、構造的に読んでみましょう。例えば、親子の事例なら親会社と子会社に置き換える、敵対関係にある同士の事例なら同じ資源を取り合う他部署や他の事業会社になぞらえる、などです。もちろん、問題の中味は異なるでしょうが、構造的に関係者たちがどのような関係にあるか、どのような協力・対立の態度を取るか、どのように話し、聞き合うかといったプロセスに注目すれば、共通点が浮かび上がってくるでしょう。

とりわけ、「話し方・聞き方の四つのレベル」のモデルは、対象とする集団の現在地を見立て、どのように話し合いの場がシフトし、より望ましいコミュニケーションのモードへ移行できるかのヒントとなります。その活用は、異なる人たちとの対話に限らず、日常の会議の進め方、リトリートや戦略ミーティングのデザイン、上司と部下の一対一の会話、家族の会話などさまざまな場面に活用できます。

本書はまた、**新製品・サービス開発、新規事業、イノベーションなどを担う担当者**にもおすすめです。第6章にあるような、体系化された実験の取り組みは、多様な人たちを集め、新しいことを創造するうえで重要なプロセスとして参考になることでしょう。ミンツバーグなどの戦略論を紐解きながらも、創発プロセスについてU理論をベースに解説しています。その共実現フェーズにおいての進め方は、私たちのよく知る、既存の事業環境での意思決定プロセスとは大いに異なります。

本書では「川底の石を探りながら川を渡る」という印象深い表現のたとえも紹介されていますが、そういった実験的な創発プロセスをどのように進めるかの指針と事例も掲載されています。

そして、組織内外に**ネットワークを広げる人**、あるいはセクターや組織を超えた**連携を図る人**たちにもまた、どのように持続的に人々の集う場をデザインし、また、ネットワークへの参画を促すかのヒントになるでしょう。とりわけ、第2章は、多様な利害関係者を招集する主宰者になる人たちにとって、独りよがりではなく参加者の立場になって考えるための有用なフレームワークを提供してくれます。私の日本国内の経験でも、多くの組織にとって協働と対話はもっとも人気のない選択肢です。協働に関して想定するコストは高い一方、その便益が見えにくいことが一因でしょう。その一方で単独でものごとを進め続けるコストや便益は冷静に見ていないことも多いのです。こういった状況では、第2章のフレームワークを活用し、どのような選択肢があるかを意識的に比較することが近道ともなります。

もちろん、**対話ファシリテーター**や**組織開発・コミュニティ開発のファシリテーター**といった、プロフェッショナルの方の指南書としても有用です。特に、第1～4章を読んでいただき、ご自身のファシリテーション実践を振り返る際のヒントとなるでしょう。そして、新しいストレッチに向けて第5～7章からご自身に必要なところを選んで、あるいは全体として読み進めていただくのがよかろうと思います。

最後に、**周囲の人たちと協力したいが難しいと感じる全ての方**への自己啓発としてもおすすめです。第1章、そして第4章を読んでいただきながら、第8章のストレッチのための訓練を実践いただくのがよいです。内省、振り返り、組織学習などの心得のない方は、コーチング、カウンセリング、ファシリテーションをご存じの方と一緒に訓練をすることがおすすめです。自らの習慣的な行動を観察し、なぜその行動をとるのか無意識の前提やその行動を誘発する構造を理解することは自らの行動の効果を高めてくれます。また、自分が不得意、不慣れな行動について、意識して実践を繰り返すことで新しい習慣を身につけることができます。

日本の職場、組織、地域、国家において、ますます多様性と包摂が求められています。それによってこれまで交わる機会も必要性も感じなかった人たちの間で、共に時間を過ごし、相違ゆえにさまざまなチャレンジが表出化してくることでしょう。一方で、多様な人たちがいるということは大きな機会でもあります。多様性こそが進化のタネであり、またことわざにあるように「早く行きたいなら一人で、遠くまで行きたいなら大勢で行け」なのです。これからますます大きくなる組織や社会の課題に対して、対話と協働に関するリテラシーと方法論はますます有用性を増していくことと確信しています。

アダム・カヘンがこの日本で発想を得て、また自らの三〇年以上に及ぶ試行錯誤を通じて磨き上げられた本書が、世界で、またこの日本で役に立つであろうことを切に願っています。

二〇一八年九月　小田理一郎

謝辞

本書の執筆は、建設的で寛容なコラボレーションのすばらしい経験だった。

本書は、僚友とともに私たちが重要だと考えた、やりがいのあるプロジェクトに携わった私の経験から発展してきた。本書で紹介したプロジェクトに取り組むにあたり、こうした仲間との交わりに恵まれたことを次の方々に感謝する。スティーブ・アトキンソン、ブレンナ・アトニコフ、アダム・ブラックウェル、ミーレ・ベイエール、マヌエル・ホセ・カルバハル、スミット・チャンプラシット、エレナ・ディエス・ピント、ベティー・スー・フラワーズ、ロサーナ・フエンテス・ベライン、オスカー・グロスマン、ハル・ハミルトン、ザイド・ハッサン、スティーブン・ハダート、ジョセフ・ジャウォースキー、ゴフト・カニャポーン、ルース・クリボイ、ピーター・ル・ルー、エウンポーン・ロイプラディット、フリオ・マドラーソ、ヴィンセント・マファイ、ジョー・マッカロン、アナイ・リナレス・メンデス、ホアキン・モレノ、ファン・カルロス・モリス、グスタボ・ムティス、レオラ・フェルプス、エリザベス・ピニングトン、モニカ・ポールマン、イアン・プリンスルー、トム・ラウテンバーグ、マヌエラ・レストレポ、スリタ・サンドシャム、アダルベルト・サビニョン・ディエス・デ・ソジャーノ、バレリア・スコルサ、ポール・サイモンズ、ホルヘ・タラベラ。

本書の執筆では、オンラインで一章ずつ草稿を公表し、関心のある読者からのフィードバックを求める「ライティング・アウト・ラウド（writing out loud）」というプロセスを実験してみた（ミッチ・アンソニーとティエ・フランコ・ブロットーの支援により）。読者からの反応は、こちらが圧倒されるほど熱心かつ有益だった。思慮に富むご意見をいただいた方々のお名前を感謝とともにここに記す（この実験的プロセスに加え、ほかのルートからもご意見をいただいた）。クリス・エイブルルズ、マイケル・アダム、クリス・オルトミカス、チャールズ・アノサイク、アントニオ・アラニバル、ヘレン・アスタルテ、スティーブ・アトキンソン、ジェフ・バーナム、アントニオ・ボーム、ヘルマン・バーフィンク、サビーナ・バーマン、デュアン・ビッグス、リック・ブラック、ピーター・ブロック、ミーレ・ベイエール、マーク・バードン、マーク・カバージ、ダグ・カンタベリー＝カウンツ、ジュリア・キャンティ、アン・ウェーバー・カールセン、ホセ・ブッチ・カサリ、ジーン・ピエール・シャボー、スミット・チャンプラシット、マイケル・チェンダー、トム・クリステンセン、ミリエンコ・シメーサ、デイビッド・クーパー、クリス・コリガン、マリ＝クレール・ダーゲル、ジェームズ・デイビス、ミルトン・ドーズ、デイビッド・ダイアモンド、ヘイン・ディクステルホイス、ヒューゴ・ディオゴ、デブラ・ダン、コル・ダシー、マルティン・エチャバリア、ドーン・エリソン、ニコール・エンディコット、カロライン・フィゲレス、ベティー・スー・フラワーズ、レベッカ・フリース、キャサリン・

フルトン、ハーマン・ファンク、デブ・デュガン・ガルシア、ビクトール・ガルシア、ロバート・ガス、マイケル・ジェロブター、ジェームズ・ギミアン、ステイシー・ゴフィン、ピエール・ゴイランド、ダニー・グレアム、ジョン・グリフィン、オスカー・グロスマン、ビナイ・ガンサー、ウィツケ・ハーグ、ナンシー・ヘール、パトリシア・ヘール、サリーナ・ハン、原田英治、セサル・デ・ハルト、マーティン・ホークス、クレシダ・ヘイズ、アリソン・ヒューリット、ダニエル・ヒルシュラー、ジョン・ホーエル、スティーブン・ハダート、モニーク・ヤンマート、バリー・ジョンソン、ブラッド・ジョンソン、アル・ジョーンズ、デイビッド・カヘン、ドロシー・カヘン、ジェド・カヘン、ゴフト・カニャポーン、アラ・コリーナ、シャロン・ジョイ・クレイチ、バーバラ・クルーゼ、Ｓ・カルシュレスサ、ショーン・ラフルール、ロレンツォ・ラーラ、ダン・リーヒ、グレアム・レスター、メグ・レビィ、キャシー・ルイス、マリア・レビッキィ＝ミリガン、チャールズ・ラインズ、ラルフ・リッポルド、キャサリーナ・ローベック、エウンポーン・ロイプラディット、ジャニーン・マシェイ、ロビー・マクファーソン、コリーン・マグナー、アルン・マイラ、エイミー・マークス、サンドラ・マルチネス、ジョー・マッキャロン、シーサール・マクダウェル、ビル・マッキントッシュ、ジーン・マクファーソン、ティム・メリー、デニー・ミノー、コリン・ミッチェル、アイリーン・モア、ティーナ・モンバーグ、キャロル・ムーア、アーサー・ムリロ、アナント・ナドカルニ、ジェリー・ネイゲル、ジョー・ネルソン、マリア・アナ・ネベス、ジェームズ・ニューカム、バンガニ・ンゲレーザ、テリー・ニコルズ、ジョス・ニーステン、バティアン・ニューワース、シバウト・ノーテボーム、バーバラ・ナスバウム、小田理一郎、ダニエル・オールディング、バリー・オシュリィ、エルベ・オット、ウェンディ・パーマー、スコット・ペレ、レオラ・フェルプス、ギフォード・ピンショー、エリザベス・ピニングトン、モニカ・ポールマン、デイビッド・ポーティロ、アンソニー・プラングリー、イアン・プリンスルー、メリッサ・ジョゼフィーン・ラモス、マーティン・ラウシュ、デボラ・ラベッツ、ジェローム・ラベッツ、マーク・リッチー、マーティ・ローチ、アラン・ルシエ、クリステル・ショルテン、ヘンリー・センコ、デイビッド・シャンドラー、ゲーリー・シャンク、リッツ・スケルトン、ディラン・スカイブルック、ティモシー・スミス、ダーク・スティーン、ドン・デ・スーザ、ウタ・シュトルツ、キム・ストライカー、ジル・スウェンソン、スーザン・シュパコフスキー、ジェームズ・テイラー、イボンヌ・サッカレー、セオドア・トーマス、デイビッド・トンプソン、ラルフ・トリー、アルパー・ウック、マルコ・バレンテ、カレン・ワーバラ、パブロ・ビロック、ピエール・ブアリン、エイドリアン・ワグナー、コリーン・ウォーカー、パスカル・ワティオー、ダグ・ウェインフィールド、ビクトリア・ウィルディング、スー・ウィトヌーム、ヘイディ・デ・ウルフ、ケリー・ウッドコック、テレサ・ウッドランド、バートラム・ジケル、ローザ・スビサレッタ。

本書に考えを書き表す過程では、私の長年の協働者《コラボレーター》であり、美しいイラストを書いてくれたジェフ・バーナムとの話し合いがあったおかげで、その表現が格段に豊かになった。

本書はコラボレーションの理論だけでなく、実践も紹介するものであり、私は執筆と並行して能力開発の訓練プログラムやセミナー、ワークショップも考案してきた。この取り組みの強力なパートナーとなってくれたのが同僚のイアン・プリンスルーだった。

著述家としての私の経験のなかでも最良のことの一つは、ベレット＝ケーラーの傑出したプロフェッショナル・チームと一緒に仕事をしてきたことだ。特にマイケル・クローリー、ポーラ・ダービン＝ウェストバイ、カレン・ヒル・グリーン、リンダ・ジュピター、ローラ・リンダ、エリッサ・ラベリーノ、ジーバン・シバスブラマニアム、エドワード・ウェード、ラセル・ウィップルにお礼を申し上げる。とりわけスティーブ・ピエールサンティには感謝している。

レオス・パートナーズの長年の友人たちの励ましと友情がなければ、私はこの仕事をできないだろう。特にグローバル・リーダーシップ・チームのメンバー、スティーブ・アトキンソン、ミーレ・ベイエール、リー・ガスナー、ジョン・グリフィン、コリーン・マグナー、バティアン・ニューワース、ジョス・ニーステン、エリザベス・ピニングトン、モニカ・ポールマン、クリステル・ショルテンに支えてもらっている。とりわけジョー・マッカロンの力添えは大きい。

お世話になったにもかかわらず、ここにお名前がない方がいらっしゃれば、お詫び申し上げる。ほかにも本書に不備があれば、もちろん非は私にある。

最後に、いつもそばにいて、何くれとなく支えてくれる妻、ドロシーに深い感謝を捧げる。

第７章　ゲームに足を踏み入れる——第三のストレッチ

1. Wikipedia, "Pogo (comic strip)," https://wikipedia.org/wiki/Pogo_(comic_strip).
2. 次を参照。"The Bhavishya Alliance: Legacy and Learning from an Indian Multi-sector Partnership to Reduce Child Undernutrition," project report, April 2012; Kahane, *Power and Love*（カヘン『未来を変えるためにほんとうに必要なこと』）; and Zaid Hassan, *The Social Labs Revolution: A New Approach to Solving Our Most Complex Challenges* (San Francisco: Berrett-Koehler Publishers, 2014).
3. Martin Buber, *The Way of Man: According to the Teaching of Hasidism* (Wallingford, PA: Pendle Hill Publications, 1960), 21.
   M. ブーバー著『祈りと教え——ハシディズムの道』＜実存主義叢書 15＞（板倉敏之訳、理想社、1996）
4. Jerome K. Jerome, *Three Men in a Boat* (London: Penguin, 2008), 49.
   ジェローム・K・ジェローム『ボートの三人男——もちろん犬も』＜光文社古典新訳文庫＞（小山太一訳、光文社、2018 年）
5. "An Introduction to Mimetic Theory" and "Scapegoating," *Raven Review*, https://www.ravenfoundation.org/faqs/.
6. Augusto Boal, *Theatre of the Oppressed* (New York: Theatre Communications Group, 1993).
   アウグスト・ボアール『被抑圧者の演劇』（里見実、他訳、晶文社、1984 年）
7. Eknath Easwaran, trans., *The Bhagavad Gita* (Tomales, CA: Nilgiri Press, 1998), chapter 2, verse 47.

結論　ストレッチを身につけるには

1. これらの訓練プログラムは、私の同僚のイアン・プリンスルーが考案し、ルシリーン・ダンシゲール、ニコール・エンディコット、カリン・ホンメルス、アナイ・リナレス・メンデス、マリアナ・ミランダ、エリザベス・ピニングトン、モニカ・ポールマン、マヌエラ・レストレポ、マフムード・サンデイの意見とテストが反映されている。
2. Wolfe Lowenthal, *There Are No Secrets: Professor Cheng Man-ch'ing and His Tai Chi Chuan* (Berkeley: North Atlantic Books, 1991), 19.

4. *Scenarios for the Drug Problem in the Americas 2013-2025* (Washington, DC: Organization of American States, 2013).
5. Juan Manuel Santos, "Declaración del Presidente Juan Manuel Santos después de recibir el informe 'El problema de las drogas en las Américas' por parte de la Organización de Estados Americanos" (報告書「The Drug Problem in the Americas' by the Organization of American States」の提出を受けてのファン・マヌエル・サントス大統領によるスピーチ), May 17, 2013, es.presidencia.gov.co.
6. José Miguel Insulza, "The OAS drug report: 16 months of debates and consensus" (Washington, DC: Organization of American States, 2014), 3.
7. Peter Senge et al, *The Dance of Change: The Challenges to Sustaining Momentum in a Learning Organization* (New York: Crown Business, 1999).
ピーター・センゲ、他『フィールドブック 学習する組織「10の変革課題」——なぜ全社改革は失敗するのか？』（柴田昌治＋スコラ・コンサルト監訳、牧野元三訳、日本経済新聞社、2004年）
8. 次に引用されている。Barbara Heinzen, *Feeling for Stones: Learning and Invention When Facing the Unknown* (London: Barbara Heinzen, 2006)
9. Karl E. Weick, *Making Sense of the Organization* (Oxford: Blackwell Publishing, 2001), 345-46.
10. Henry Mintzberg and James A. Waters, "Of Strategies, Deliberate and Emergent," *Strategic Management Journal* 6, no.3 (1985), 257.
11. Henri-Georges Clouzot, *The Mystery of Picasso*, film, 1956（映画）
12. C. Otto Scharmer, *Theory U: Leading from the Future as It Emerges* (San Francisco: Berrett-Koehler Publishers, 2009).
C·オットー·シャーマー『U理論——過去や偏見にとらわれず、本当に必要な「変化」を生み出す技術』第二版（中土居僚、由佐美加子訳、英治出版、2017年）
13. John Keats, *The Complete Poetical Works and Letters of John Keats* (Boston: Houghton, Mifflin and Company, 1899), 277.
14. Shunryu Suzuki, *Zen Mind, Beginner's Mind* (Boston: Shambhala, 2011), 1.
鈴木俊隆『禅マインド ビギナーズ・マインド』（松永太郎訳、サンガ、2012年）
15. Katrin Käufer, "Learning from the Civic Scenario Project: A Tool for Facilitating Social Change?" in Käufer et al., *Learning Histories*.
16. S. Scharmer, *Theory U*, 267.
シャーマー『U理論』
17. Peter Senge, Otto Scharmer, Joseph Jaworski, and Betty Sue Flowers, *Presence: Human Purpose and the Field of the Future* (New York: Broadway Business, 2008).
ピーター・センゲ、C・オットー・シャーマー、ジョセフ・ジャウォースキー、ベティー・スー・フラワーズ『出現する未来』（野中郁次郎監訳、高遠裕子訳、講談社、2006年）

4. David Suzuki, "Imagining a Sustainable Future: Foresight over Hindsight," Jack Beale Lecture on the Global Environment, University of New South Wales, September 21, 2013.
5. Arthur Koestler, *The Ghost in the Machine* (London: Hutchinson & Co, 1967), 48.
アーサー・ケストラー『機械の中の幽霊』(日高敏隆、長野敬訳、筑摩書房、1995 年)
6. Adam Kahane, ed., *Possible Canadas: Perspectives on Our Pasts, Presents, and Futures*, project report, 2015.
7. 次を参照。*Power and Love*, 2; and Paul Tillich, *Love, Power, and Justice: Ontological Analyses and Ethical Applications* (New York: Oxford University Press, 1954), 25, 36.
カヘン『未来を変えるためにほんとうに必要なこと』26 ページ。

パウル・ティリッヒ『ティリッヒ著作集 第 9 巻 存在と意味』に収録の「愛、力、正義」(大木英夫訳、白水社、1978 年)
8. Barry Oshry, "Power Without Love and Love Without Power: A Systems Perspective" (unpublished paper, 2009).
9. Martin Luther King Jr., "Where Do We Go from Here?" Speech to the Southern Christian Leadership Conference, Atlanta, Georgia, August16, 1967.
10. Robert Caro, *Master of the Senate: The Years of Lyndon Johnson* (New York: Vintage, 2003, reprint ed.), 834.
11. 次を参照。Barry Johnson, *Polarity Management: Identifying and Managing Unsolvable Problems* (Amherst, MA: HRD Press, 2014).
12. James Hillman, *Kinds of Power: A Guide to Its Intelligent Uses* (New York Doubleday, 1995), 108.
13. この進化のプロセスは、生態学者の C・S・ホリングがシステムのレジリエンスに関する著作で述べた異なるが関連性のあるサイクルによって説明される。このサイクルでは、安定した予測可能な成長と統合の時期が、それより短い不安定で予測不能なイノベーションと再編の時期で中断される。
C. S. Holling, "Understanding the Complexity of Economic, Ecological, and Social Systems. Ecosystems," *Ecosystems* 4, issue 5 (August 2001), 390-405.

第 6 章　進むべき道を実験する――第二のストレッチ

1. "Caminante, no hay camino, se hace camino al andar." In Antonio Machado, "Proverbios y cantares XXIX," *Campos de Castilla* (Madrid: Editorial Poesia eres tu, 2006), 131.
2. "The War on Drugs: Are we paying too high a price?" Count the Costs, 2013, http://www.countthecosts.org/sites/default/files/War%20on%20Drugs%20-%20Count%20the%20Costs%207%20cost%20summary.pdf, 3.
3. Juan Manuel Santos, "Consumer countries should take more effective measures to reduce the demand for illicit drugs," November 22, 2011, presidencia.gov.co.

4. Graham Leicester and Maureen O'Hara, *Ten Things to Do in a Conceptual Emergency* (Fife, Scotland: International Futures Forum, 2003), 5.
5. Isaiah Berlin, "A Message to the 21st Century," *New York Review of Books*, October 23, 2014.
6. Michael Fulwiler, "Managing Conflict: Solvable vs. Perpetual Problems," http://www.gottman.com, July 2, 2012.

第4章　いま求められるストレッチ・コラボレーション

1. André Gide, *The Counterfeiters* (New York: Vintage Books, 1973), 353.
アンドレ・ジッド『アンドレ・ジッド集成 IV』に収録の『贋金つくり』（二宮正之訳、筑摩書房、2017 年）
2. Juan Manuel Santos, "Presentacíon" (「プレゼンテーション」), in Adam Kahane, *Poder y Amor: Teoría y Práctica para el Cambio Social* ("Power and Love: A Theory and Practice of Social Change") (La Paz, Bolivia: Plural, 2011), 14.
3. *Transformative Scenario Planning*, 79-90.
邦訳版では、カヘン『社会変革のシナリオ・プランニング』第８章を参照。
4. "Siempre en búsqueda de la paz" (「常に平和を求めて」), October 7, 2016, es.presidencia.gov.co.

第5章　対立とつながりを受容する――第一のストレッチ

1. Leonard Cohen, "Different Sides," Old Ideas, 2012.
レナード・コーエン『オールド・アイディア』（CD）に収録の「ディファレント・サイズ」（SMJ、2012 年）
2. 次を参照。Elena Díez Pinto et al., *Los Escenarios del Futuro* (「未来のシナリオ」) (Guatemala City, Guatemala: Visión Guatemala,1999); and Elena Díez Pinto, "Building Bridges of Trust: Visión Guatemala, 1998-2000," in Katrin Käufer et al., *Learning Histories: Democratic Dialogue Regional Project*, Working Paper 3 (New York: United Nations Development Programme Regional Bureau for Latin America and the Caribbean, 2004).
次も参照。Adam Kahane, *Power and Love: A Theory and Practice of Social Change* (San Francisco: Berrett-Koehler Publishers, 2009), 32-35, 42-46, and 113-27.
アダム・カヘン『未来を変えるためにほんとうに必要なこと――最善の道を見出す技術』（由佐美加子監訳、東出顕子訳、英治出版、2010 年）70-73、86-91、191-207 ページ。
3. Elena Díez Pinto, "Building Bridges of Trust," 30.

原注

ここに記載されていない本書の引用はすべて個人的意見交換に基づく。

第1章　コラボレーションはますます必要になっているが、ますます難しい

1. Lewis Thomas, "On the Uncertainty of Science," *Key Reporter*, Autumn 1980, 10.
2. Ana Marie Cox, "Aasif Mandvi Knows How to Make America Great Again," *New York Times*, October 4, 2016.
3. 次に引用されている。Walter Winchell, "Walter Winchell On Broadway," *Laredo Times*, November 9, 1949.
4. *The Concise Oxford Dictionary of Current English* (Oxford: Oxford University Press, 1983).

第2章　コラボレーションは唯一の選択肢ではない

1. James Gimian and Barry Boyce, *The Rules of Victory: How to Transform Chaos and Conflict—Strategies from The Art of War* (Boston: Shambhala, 2008), 11
2. 次を参照。Adam Kahane, *Transformative Scenario Planning: Working Together to Change the Future* (San Francisco: Berrett-Koehler Publishers, 2012), 1-13.
   邦訳版では、アダム・カヘン『社会変革のシナリオ・プランニング——対立を乗り越え、ともに難題を解決する』(小田理一郎監訳、東出顕子訳、英治出版、2014年)の第1章を参照。
3. Hal Hamilton, "System Leaders for Sustainable Food," *Stanford Social Innovation Review*, Winter 2015 および www.sustainablefoodlab.org を参照。

第3章　従来型の窮屈なコラボレーションは時代遅れ

1. John Maynard Keynes, *The General Theory of Employment, Interest, and Money* (New York: Harcourt, Brace & World, 1965), vii.
   ジョン・メイナード・ケインズ『雇用、利子、お金の一般理論』(山形浩生訳、講談社学術文庫、2012年)
2. Kees van der Heijden, *Scenarios: The Art of Strategic Conversation* (Chichester, West Sussex, England: John Wiley & Sons, 1996), 21.
   キース・ヴァン・デル・ハイデン『シナリオ・プランニング——戦略的思考と意思決定』(西村行功訳、株式会社グロービス監訳、ダイヤモンド社、1998年)
3. Horst W. J. Rittel and Melvin M. Webber, "Dilemmas in a General Theory of Planning," *Policy Sciences* 4 (1973), 155.

アーティスト、ジェフ・バーナムからのメッセージ

本書のアートワークという最新のプロジェクトを含め、長年にわたる私たちの数々のコラボレーションについて、アダムに感謝している。アダムと私はとてもタイプの違う人間だからこそ 2 人のコラボレーションは注目に値すると私は思っている。私たちは世界観も、優先順位も、経験も、人生の目標も違う。しかし、2 人を分かつものを私たちは補完し合うものと見ている。

2007 年、私たちとほかの仲間はレオス・パートナーズを共同設立し、世界中で一緒に仕事をしはじめた。複雑で、乗り越えられそうにない課題に直面しているリーダーたちを支援しながら、パラダイムやシステムを変えるという途方もなく大きな課題に対して生じる「内的な」面、たとえば創造性や自己変容などをリーダーたちに教えている自分に私は繰り返し気づくことになった。同時に、別の疑問も生まれてきた。健全な社会はいかにすれば可能なのか?偉大な芸術を勉強すれば、それを偉大にしているものを感じ取ることができるが、社会的な現実を創造する場合はどうだろう?　多数の個人がより健全で、より機能的な社会を共創することは可能なのか、それには何が必要なのか??
2014 年、これらの問いにフルタイムで集中するために私はレオスを辞してマゼンタ・ステューディオズ（www.magenta.fm）で仕事をするようになった。

レオス・パートナーズ（Reos Partners）について

どうすれば私たちは自ら生み出した問題を協力して解決できるのか?

レオス・パートナーズは、ほんとうの意味で前進する方法を知っている国際的な社会企業だ。

私たちは、システムを変えるプロジェクトの設計とファシリテーションに携わって 20 年、複雑な行き詰まった問題の解決に向けて変容を促す厳密な方法を構築してきた。

実際的で独創的なアプローチを用いて、私たちは政府、企業、市民社会組織と提携し、教育、健康、食料、エネルギー、環境、開発、正義、治安、平和といった人間にとって最も重要な問題に取り組む。何度でも繰り返し、複雑さ、混乱、対立に陥っている人々が協力して新しい現実、そしてよりよい未来を創造できるようにすることが私たちの使命だ。

協力して現状に異議を唱える人々を支援する

前進の出発点は、現状に異議を唱える用意のできている多様な人々の協働である。レオス・パートナーズが手がけるプロジェクトでは、必ずシステム全体からステークホルダーを召集する。政治家、活動家、企業経営者、軍高官、ゲリラ、労働組合員、芸術家、研究者、聖職者、コミュニティリーダー……多様性は事を難しくするように感じるかもしれないが、多様性こそが問題解決の心臓部と言える。プロジェクトの導き手として、私たちは考え方も利害も異なる人々を巧みに引き込んで共通の関心事に協力して取り組めるようにする。

システムを変えるための実証された方法

レオス・パートナーズのプロジェクトは、数日のイベント、数カ月のプロセス、数年がかりのプラットフォームと三つの規模を想定している。単発イベントは新しい洞察や関係、能力を刺激し、長期的なプラットフォームは新しい実験、構想、動きを可能にする。そして最終的にはシステムの変容を起こす。

状況の一つひとつに合わせたアプローチが原則だが、実証された方法であるダイアログ・インタビュー、ラーニング・ジャーニー、変容型シナリオ・プランニング、ソーシャルラボの少なくとも一つを採用することはしばしばある。私たちは、システムの変化を持続させるための能力開発やスキル開発のトレーニングやコーチングも提供している。

最重要課題を世界規模でほんとうに前進させる

手っ取り早い解決策はないと私たちは学んできた。システムが変化するには時間、エネルギー、リソース、スキルを要する。しかし、これらの用意が整えば、最も成功度の高いプロジェクトには命が宿り、復元力のあるネットワークや連携、生態系を生み出す。

ともに仕事をしよう

私たちはグローバルにもローカルにも仕事をしている。ケンブリッジ（マサチューセッツ州）、ジュネーブ、ヨハネスブルク、メルボルン、モントリオール、サンパウロ、ハーグにオフィスがある。

www.reospartners.com/stretchcollaboration

●著者

アダム・カヘン
Adam Kahane

レオス・パートナーズ社パートナー。オックスフォード大学経営大学院「科学・イノベーション・社会研究所」特別研究員。パシフィック・ガス・アンド・エレクトリック社、OECD（経済協力開発機構）、応用システム分析国際研究所、日本エネルギー経済研究所、ブリティッシュ・コロンビア大学、カリフォルニア大学、トロント大学、ウェスタン・ケープ大学で戦略立案や調査研究に従事した後、ロイヤル・ダッチ・シェル社にて社会・政治・経済・技術に関するシナリオチームの代表を務める。1991 ～ 92 年には南アフリカの民族和解を推進するモン・フルー・シナリオ・プロジェクトに参画。以来、企業や政府などの問題解決プロセスのオーガナイザー兼ファシリテーターとして、これまで 50 カ国以上で活躍している。アスペン研究所ビジネス・リーダーズ・ダイアローグ、組織学習協会（SoL）のメンバー。カリフォルニア大学バークレー校エネルギー・資源経済学修士、バスティア大学応用行動科学修士。著書に『未来を変えるためにほんとうに必要なこと』『社会変革のシナリオ・プランニング』（以上、英治出版）『手ごわい問題は、対話で解決する』（ヒューマンバリュー）がある。妻のドロシーと家族とともにケープタウンおよびモントリオールに在住。

●監訳・解説

小田 理一郎
Riichiro Oda

チェンジ・エージェント代表取締役。オレゴン大学経営学修士（MBA）修了。多国籍企業経営を専攻し、米国企業で 10 年間、製品責任者・経営企画室長として組織横断での業務改革・組織変革に取り組む。2005 年チェンジ・エージェント社を設立、経営者・リーダー研修、組織開発、CSR 経営などのコンサルティングに従事し、システム横断で社会課題を解決するプロセスデザインやファシリテーションを展開する。デニス・メドウズ、ピーター・センゲら第一人者たちの薫陶を受け、組織学習協会（SoL）ジャパン理事長、グローバル SoL 理事などを務め、「学習する組織」、システム思考、ダイアログなどの普及推進を図っている。

著書に『「学習する組織」入門』（英治出版）、共著に『なぜあの人の解決策はいつもうまくいくのか?』（東洋経済新報社）など。訳書、解説書にアダム・カヘン著『社会変革のシナリオ・プランニング』、ドネラ・H・メドウズ著『世界はシステムで動く』、ピーター・M・センゲ著『学習する組織』、ビル・トルバート著『行動探求』（以上、英治出版）など。

チェンジ・エージェント社ウェブサイト　www.change-agent.jp

●訳者

東出 顕子
Akiko Higashide

翻訳家。津田塾大学学芸学部国際関係学科卒業。翻訳会社勤務を経てフリーに。訳書にシェリー・カーター=スコット著『ハートフル・ストーリーズ』（ディスカヴァー・トゥエンティワン）、ロレッタ・シュワルツ=ノーベル著『アメリカの毒を食らう人たち』（東洋経済新報社）、アダム・カヘン著『未来を変えるためにほんとうに必要なこと』『社会変革のシナリオ・プランニング』、フランシス・ウェストリーほか著『誰が世界を変えるのか』、マーガレット・J・ウィートリー著『リーダーシップとニューサイエンス』（以上、英治出版）などがある。

● 英治出版からのお知らせ

本書に関するご意見・ご感想を E-mail（editor@eijipress.co.jp）で受け付けています。また、英治出版ではメールマガジン、ブログ、ツイッターなどで新刊情報やイベント情報を配信しております。ぜひ一度、アクセスしてみてください。

メールマガジン：会員登録はホームページにて
ブログ　：www.eijipress.co.jp/blog/
ツイッター ID　：@eijipress
フェイスブック：www.facebook.com/eijipress
Web メディア　：eijionline.com

敵とのコラボレーション

賛同できない人、好きではない人、信頼できない人と協働する方法

発行日　2018 年 10 月 31 日　第 1 版　第 1 刷

著者　アダム・カヘン
監訳者　小田理一郎（おだ・りいちろう）
訳者　東出顕子（ひがしで・あきこ）
発行人　原田英治
発行　英治出版株式会社
〒 150-0022 東京都渋谷区恵比寿南 1-9-12 ピトレスクビル 4F
電話　03-5773-0193　FAX　03-5773-0194
http://www.eijipress.co.jp/
プロデューサー　安村侑希子
スタッフ　高野達成　藤竹賢一郎　山下智也　鈴木美穂
下田理　田中三枝　平野貴裕　上村悠也　山本有子
渡邊吏佐子　中西さおり　関紀子　瀧口大河
印刷・製本　中央精版印刷株式会社
装丁　重原隆
校正　株式会社ヴェリタ

ISBN978-4-86276-263-4　C0034　Printed in Japan